子どもも観客も感動する!

「組体操」
絶対成功の指導BOOK

関西体育授業研究会 著

明治図書

3人技 … 29

ミニタワー 29／すべり台 29／碇 30／鶴 30／ライトアングル3 30／ゼロフライト 30／ソファー 31／3人ピラミッド 31／V字 31／W肩倒立 31／ダブル倒立 32／トリプルクロス 32／ランジ 32／ステップ 32／トリプル扇 33／森 33／大地 33／飛行機 33／ジェットコースター 34／モール 34／地平線 34／ビッグW 34／サンライズ 35／肩車倒立 35／アンカー 35／鍵盤 35

4人技 … 36

トーテムポール 36／アップサイドダウン 36／ミックスサボテン 37／ユニットサーフィン 37／ダイヤモンド 37／鏡 37／丘陵 38／ショベルカー 38／ピース 38／山小屋 38／屋根 39／階段 39／グライダーⅡ 39／4人扇 39

5人技 … 40

グライダー 40／珊瑚 41／バンク 41／トライデント 41／リフト 41／合掌造り 42／ソユーズ 42／ジャンピングカートレイン 42／ボストーク 42／扇→イソギンチャク 43／ツリー 43／かぶと 43／跳ね橋 44／石垣 44／やぐら 44／ソフトクリームタワー 44／台形 45／ジグザグ 45／ステージ 45／山 45／王冠 46／教会 46／ピストン 46

6人技 … 47

クイックピラミッド 47／ピラミッド 48／テーブル橋 48／サーカステント 48／跳開橋 48／万華鏡 49／6人扇 49／時計台 49／大倒立 49／ベイブリッジ 50／大阪城 50／門 50／大展望台 51／朝顔 51／泉州玉ねぎ 51

7人技 … 52

ミニタワーDX 52／名古屋城 52／扇DX 53／スケートボード 53／V字飛行 53／ふんすい 53

8人技 … 54

花 54／ラージヒル 54／トンネル 55／富士山 55／カルデラ 55

9人技 … 56

天空の城 56／山 56／ジェミニ 57／9人炎 57

10人技 … 58

3段タワー 58／やぐら 59／ジェットコースター 59／10人ピラミッド 60／斜塔 61／ピサの斜塔 61／レインボーブリッジ 62／グレートブリッジ 62／大屋根 63

■ 多人数技 ······ 64

ウェーブ 64／小ウェーブ 64／ドミノ 65／千手観音 65／はばたき 66／ブリッジ 66／台形 67／22人タワー 67／立体ピラミッド 68

■ 特別技 ······ 69

移動ピラミッド 69／万里の長城 70／トランポリン 71／トラストフォール 72／40人タワー 74／55人ピラミッド 75

■ 組み合わせ技 ······ 76

13人 76／15人 76／18人 76／20人 76／24人 76／26人 76／26人 76
27人 77／28人 77／28人 77／32人 77／37人 77／37人 77／40人 77／40人 77

第3章 「組体操」にチャレンジする！実物プログラム大公開 ······ 79

プログラムその1 「非情のライセンス」80／「ALL NIGHT LONG」82／「Courage」84／「GO WEST」86／「南極大陸 Main Title」88

プログラムその2 「ROOKIES メインテーマ」90／「JUMP」92／「Blue Dragon（'07ver）」94／「バッテリー」96／「とどかぬ想い」98／「アテンションプリーズ」100

第4章 「組体操」づくりに欠かせないお役立ち付録 ······ 103

演技を盛り上げる！おすすめ選曲リスト ······ 104
ひと目でわかる！隊形ビジュアル紹介 ······ 106

さくいん ······ 109
執筆者一欄 ······ 111

コラム
ひと夏の成長 ······ 78
信頼が生み出すパワー ······ 78
同僚の熱意 ······ 102
保護者からの2通の手紙 ······ 102

第 **1** 章

「組体操」を成功させる！
指導の秘訣10のステップ

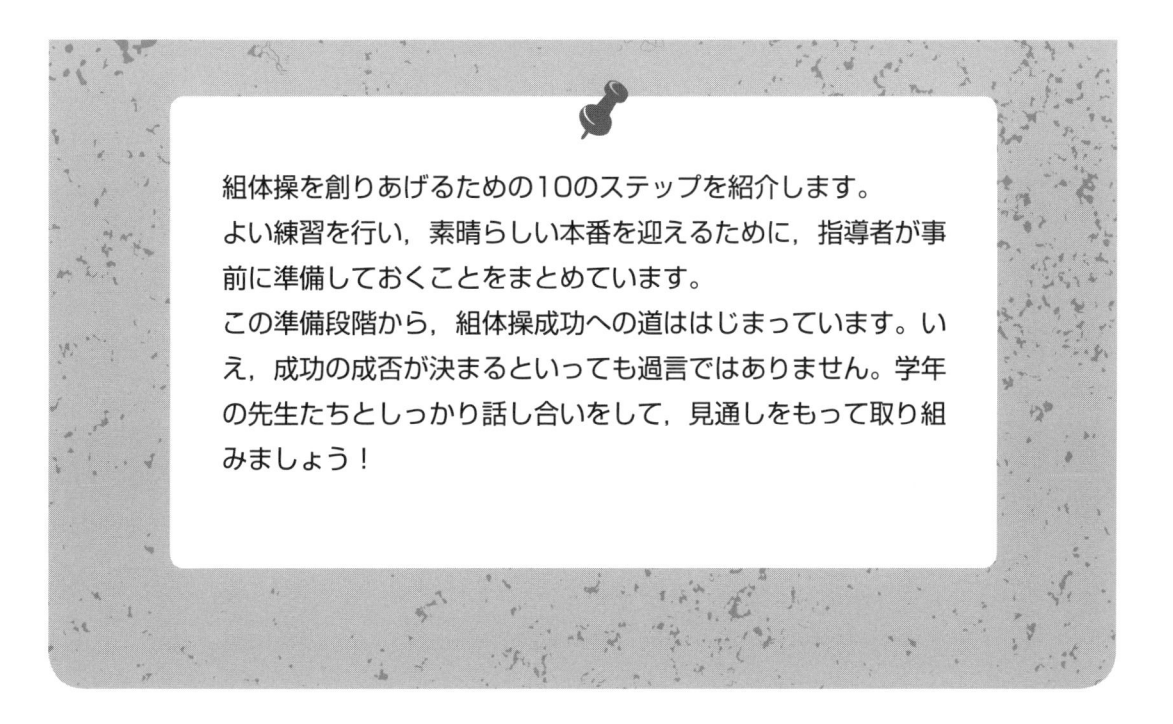

組体操を創りあげるための10のステップを紹介します。
よい練習を行い，素晴らしい本番を迎えるために，指導者が事前に準備しておくことをまとめています。
この準備段階から，組体操成功への道ははじまっています。いえ，成功の成否が決まるといっても過言ではありません。学年の先生たちとしっかり話し合いをして，見通しをもって取り組みましょう！

ステップ0 組体操でめざす！子どもが成長するための3本柱

第1の柱
「学習の成果」として

　組体操は，日頃の体育の学習の成果を発揮でき，さらに発展させていける場です。日頃の体育の授業で行っている器械運動・体つくり運動などで培った，力強さ・柔軟性・バランス・巧みさをさらに高め，披露する機会でもあり，子どもたちがめざす目標にできます。

　したがって，授業において計画的に取り組みたいものです。立ちブリッジ，補助倒立，バランス，モーション，その他1人技など，1学期のマット運動などの授業で取り組み，組体操につないでいきましょう。全員成功をめざしてみんなで努力できるように取り組むことで，お互いの関わりや共感も生まれます。

　運動会という最高の「学習成果」の発表の場が，子どもたちの日頃の学習の意欲を高めていくことでしょう。

第2の柱
集団で取り組むことによる「人間関係」の構築

　組体操は，自分の身体を人に委ねる・人の身体を支える・お互いの力を出し合いバランスを保つなど，お互いの信頼関係と真剣に取り組む集団としての姿勢がないと，とうていできないものです。逆に言えば，組体操は，集団の人間関係や意識を高める絶好の機会とも捉えることができます。

　私たち指導者は，まず，子どもたちの実態，つまり，子どもどうしの人間関係や物事に対する意欲，集団としての規律など，組体操に取り組む集団の特質をしっかりつかむことが大切です。そして，見出した課題から，成長した子ども像，集団の雰囲気，姿勢など，目標を明確にもち指導にあたりたいものです。

　その際，集団としての高まりを引き出すために，組体操のスローガンを決めたり，目標を組体操のタイトルに込めたり，旗を作成したりといったことも有効でしょう。また，技のメンバーを決めるときにも，運動能力や身長・体重だけではうまくいかないことが多々あります。腕や肩を組むという言葉通り，信頼関係がないとできないのが，組体操です。

　組体操を通して，仲間と向き合ってぶつかったり，一緒に悩んだりするからこそ，できたときの喜びも大きくなります。集団の意識・人間関係も大切に取り組むことで，一人では味わえない充実感へとつながっていくのでしょう。

第3の柱
人前で演技をして観客に魅せるための「表現力」

演技として、日ごろの成果を発表すると捉えたとき、「魅せ方」＝「見栄え」も大切にしたいものです。見栄えのする演技とは、大きな技、難しい技をどれだけたくさん構成に入れているかではありません。単純な技でも、隊形や技の方向、完成のタイミングを工夫することで、迫力や美しさを最大限引き出せるということです。

まず、隊形によってできる工夫があります。縦・横・ななめ・円形など、列の方向によって、見栄えが変化します。また、技の方向を変えるだけでも、技の見え方を変化させることができます。1人技・2人技でも、全体をひとまとまりの演技として見たとき、方向を工夫するだけで見栄えを様々に工夫することができます。

タイミングによる工夫もできます。一斉に完成させるか、意図的に「ずれ」を生み出すかで、同じ技でも魅せ方が全く変わります。一斉に動きをそろえれば、全体がそろったときの迫力・美しさを表現することができます。一方、「ずれ」を生み出せば、完成の瞬間を何度も作ることができたり、流れる動きの美しさを表現できたりします。

「静」と「動」のメリハリをつけることも「見栄え」へとつながります。動かないときには、絶対動かない。全員が座って待機している姿や、技と技の間で仰向けに寝ているだけの「静」の部分でも、全体の美しさを表現することができます。「静」の部分がはっきりしているからこそ、「動」の部分である技が引き立ちます。

そして、その魅せる演技に対して、見ている人たちからのたくさんの声援や拍手が、子どもたちの達成感をさらに高めてくれるでしょう。

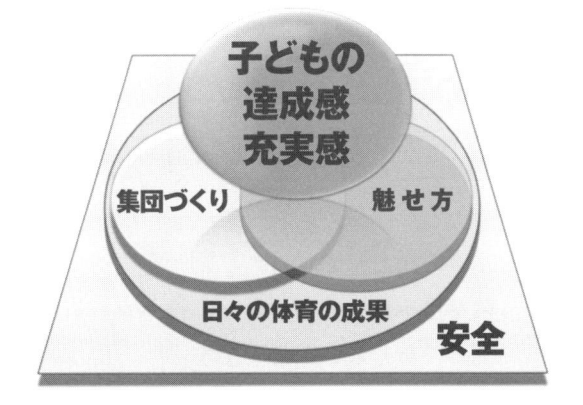

組体操　3本柱！！

- **第1の柱** 日ごろの「学習の成果」を発揮する場として計画的に取り組むこと。
- **第2の柱** 集団の実態をしっかり捉え、集団としての成長「人間関係」も大切にすること。
- **第3の柱** 演技としての「魅せ方」＝「見栄え」も大切にすること。

ステップ1 子どもの実態把握

　学年のスタートです！　これから組体操に取り組む子どもたちは，どんなよさをもっていて，どんな課題があるのでしょうか？　この子ども理解に基づいて，どんな子どもに育てたいか，どんな集団へと高めたいか，めざす子ども像・集団像のイメージを描いていきましょう。

　子どもたちの1年間の成長を考えたとき，子どもの成長できる機会は組体操だけでなく，他にもたくさんあります。しかし，「友達を信頼する」「最後まで全力を尽くして努力する」など，組体操を経験するからこそ，大きく伸ばせる力がたくさんあります。組体操を通じ，子どもたちは大きく成長します。子どもの成長する可能性を最大限引き出せるよう，私たちが明確なイメージを持って指導に取り組むことが大切です。

　組体操のスタートは，どんな学年集団にしたいのか，同僚の先生たちと語り合うことでもありますね。

ステップ2 基本技を決定

　組体操本番は，日ごろの成果を発揮する場です。体の柔らかさ（前屈や股割り，ブリッジ）や上肢・下肢で支持する力（倒立，トンボ，肩倒立など），身体のバランス感覚（種々のバランス技など）など，組体操を支える基本的な力や感覚は，一朝一夕で身につくものではありません。日々の積み重ねによって高めておくことが必要です。

　しかし，単にトレーニングを重ねるだけでは，子どもたちのモチベーションも高まりません。仲間とアドバイスし合い，楽しみながら取り組めるようにしたいものです。日ごろの授業で取り組んでいる技が，この組体操の演技に取り入れていくことをあらかじめ伝えておくと，子どもたちの頑張る目標になります。

ブリッジ

肩倒立

倒立

ステップ 3 日々の授業

　日々の授業では，まず基本的なルールをしっかり指導します。服装や集合の仕方，準備・整理運動など，基本的なルールを子どもに徹底しておくことは，指導をスムーズに進める上でも安全を確保する上でも大切なことです。

★ 身の回りのこと

① 裸足で演技
　技を組むとき，裸足で乗る方が踏ん張りが効き，バランスも取りやすく，土台の子どもの痛みを軽減できます。

② シャツIN！
　運動したときにずれないよう，必ずハーフパンツにシャツを入れておきます。練習が続くときには，体操服の代わりに，白いシャツ，ハーフパンツの替えの準備を家庭に連絡しておくとよいでしょう。

③ 髪は束ねる
　運動時の髪の乱れを防ぐことは，視界確保の上で重要です。また，土台を担当する場合，首，肩に友達の足が乗ることがあるので，髪をくくっておくと，踏まれて痛い思いをしたり上に乗る人の邪魔になったりせず，スムーズに技を組むことができます。金属のピンや装飾のあるものでは，友達に怪我をさせることがあるので，必ずゴムを使用しましょう。

④ 爪を切る
　友達と手をつないだり，肩を組んだりします。爪が当たって友達に傷をつけないよう，必ず爪を切って練習に臨むように指導しましょう。

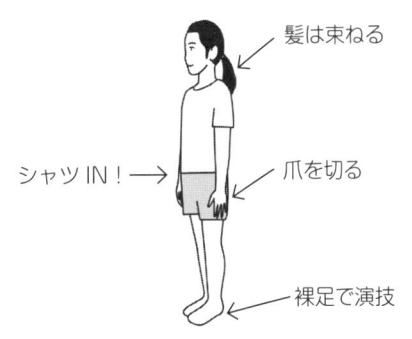

★ 学習規律

① 集合
　どのような合図で集合するのか（例えば笛を長く吹く。タンバリンを3回叩くなど）。どこにどのように集合するのか。約束事として決めておきます。

② 並び方
　「前へならえ」「両手間隔にひらく」「○列に並ぶ」などを習得しておくことは，時間を効率よく使うことにつながります。

③ 座り方・立ち方
　気をつけの姿勢や待機しているときの座り方（立て膝で頭を下げる）といった基本的な姿勢を身につけておくと，カウントに合わせて技を行ったり，待つ・決めるという「静」と「動」の意識づけを行ったりと，演技の質を高める指導につながります。

ステップ4 テーマ設定

　さあ、いよいよ本格的に組体操づくりが始まります。ただ闇雲に技を羅列するのではなく、テーマをもって臨みたいものです。そして、このテーマは、イコール組体操のタイトルという場合が多いです。テーマ設定は大きく分けて2種類あります。

　一つ目は、演技全体にストーリー性をもたせるテーマ設定の仕方です。例えば、「オリンピック」を組体操のテーマに選んだとします。五輪を作って演技する、WAVEとグライダーという技を組み合わせて水泳競技を表現する、などといった場面構想につながっていきます。

　「生命」がテーマなら、「海から生まれ」「次第に木々が茂る」シーンを表現するために技を決めていきます。「海」を表すため、全員で波（ウェーブ）を作る。「陸」を表すため、ピラミッドを山に見立てる。「高い木々」を表すため、タワーを作る。

　他には、「生命誕生」「世界遺産」なども、テーマとして考えられます。

　二つ目は、めざすべき価値をテーマにする場合です。例えば、「信頼」「ONE FOR ALL　ALL FOR ONE」「雄大」などが考えられます。こちらも、例えば「出会い」から「けんかや悩み」が起こり「絆や信頼」が生まれる場面をそれぞれ曲や技で表現するといったストーリー展開も可能ですが、テーマそれ自体が、組体操に取り組むときの指導の柱の一つであったり、子どもたちの取り組む姿勢・意識的な目標であったりします。演技全体で集団のまとまりや一生懸命な姿を表現する・見てもらうというイメージになるでしょう。

　指導中、常に、この組体操のテーマを想起させ、今取り組んでいることが何につながっているのか、どんな力をつけているのかを繰り返し伝えることで、子どもたちの意識が高まり、一つにまとまっていくことでしょう。

ステップ5 構成決定

　構成していく順序を，技選びからする人もいれば，曲選びからする人もいます。考えやすい順で練っていくとよいでしょう。以下，構成する上で，おさえておきたいことを説明します。

★ 場面設定

　技の種類・順番です。入場した後，1人技から順番に，徐々に人数の多い大きな技へと並べる構成もありますが，「魅せ方」として，1人技から並べるのではなく，オープニングの場面に，あえて大きな技や全員で行うマスゲームをもってきて見ている人をひきつけるという構成も効果的です。オープニングに全員でする技に取り組むことで，「これからみんなで一つのものを作り上げるんだ」という子どもの意識を高めるという効果もあります。

　また，場面ごとの構成とともに，演技全体の盛り上がりやテンポの変化を考えながら構成していくことも大切です（図1参照）。

★ 技の選択

　指導時間・安全の確保を考えて，慎重に行いましょう。児童の人数や構成年齢，運動能力，精神面などを考え合わせ，無理な技は絶対に選ばない。「これくらいはできるだろう」という思い込みは危険です。しかし，簡単すぎる技では，「見栄え」も子どもたちの「やる気」も生み出すことはできません。適度な負荷をかけつつ，安全な組み方が保証できる技を選択していく必要があります。

　また，体力的な負荷も考えます。大技が連続しないようにするなど，一つ一つの技の負荷だけでなく，演技全体の負荷も考えて構成することが重要です。

図1　関体研版組体操の流れ（第3章参照）

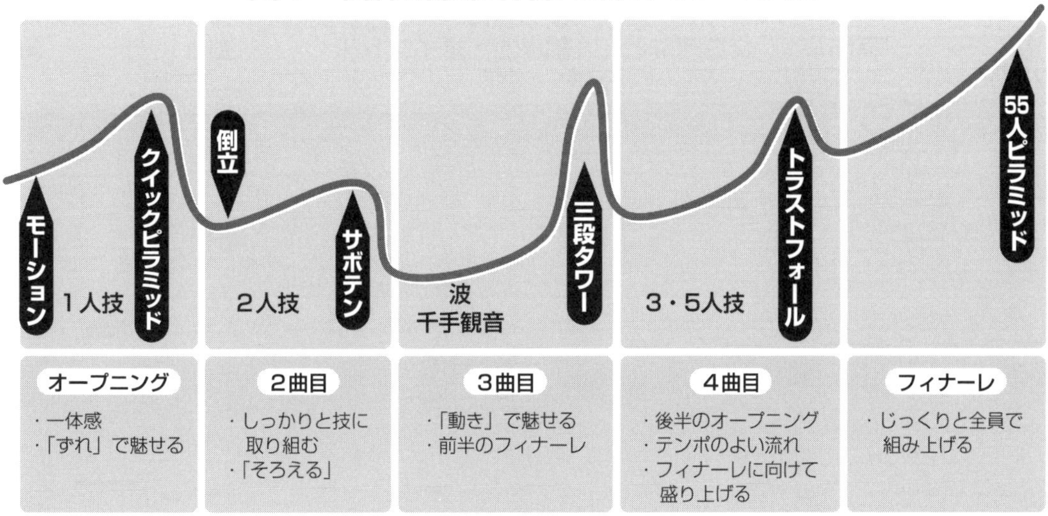

	オープニング	2曲目	3曲目	4曲目	フィナーレ
技	モーション／クイックピラミッド	倒立／サボテン	波／千手観音	三段タワー／トラストフォール	55人ピラミッド
人数	1人技	2人技		3・5人技	
ポイント	・一体感 ・「ずれ」で魅せる	・しっかりと技に取り組む ・「そろえる」	・「動き」で魅せる ・前半のフィナーレ	・後半のオープニング ・テンポのよい流れ ・フィナーレに向けて盛り上げる	・じっくりと全員で組み上げる

★ 曲選び

曲は，演技全体の表情を決めます。静かな曲・雄大な曲・アップテンポな曲など様々なイメージの曲があります。場面・技のイメージにあっていることはもちろんですが，実際に耳で聴きながら演技をする子どもの立場に立つと，例えば，技が決まるタイミングがわかりやすいなど，テンポ・曲調がつかみやすいことも大切です。

日頃から，映画・ドラマなどのサウンドトラック・流行の曲など，チェックする癖をつけましょう。

★ 隊形

隊形選びは，技の魅せ方に関わる大切な要素です。技を「どう魅せたいか」というイメージと，実際の子どもの動きを想定して決定していきます（p.106～参照）。

子どもが理解しやすいこと，無駄のない隊形移動であること，取り組む技が効果的に見せられることといった点が，隊形を決定していく要素となるでしょう。

ステップ6 カウント表作成

カウント表とは，曲の拍に合わせ，どの部分で，どれだけの時間を使って技を作っていくかを細かく示した組体操の設計図のようなものです。1曲の時間，拍，子どもたちの行動，技のイラストと解説，隊形の図を，一目で確認できます。指導者どうしの共通理解にも一役買います。また，子どもたちに配布して，流れをあらかじめ把握させておくこともよいでしょう（第3章参照）。

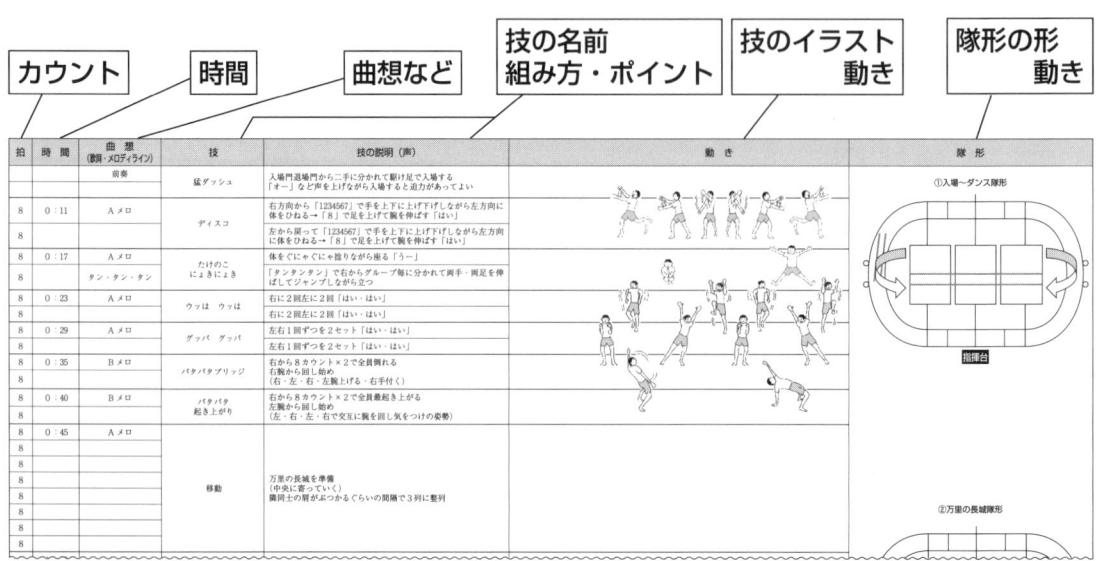

ステップ7 指導計画

　まず全指導時数の大まかな指導計画を立てます。その上で，1時間ごとの細かな指導計画を立てていきます。指導時間が限られているので，見通しをもった指導計画を立てることが大切です。また指導の進み具合や天候により，計画の変更が生じます。そのときは，計画にとらわれ過ぎず，演技構成・内容の変更も含めて，計画の変更は，柔軟に行うことが大切です。

　技のメンバー構成について，練習に入る前に，あらかじめ決めておけば，スムーズに練習に入ることができ，時間節約になります。メンバー決めについては，まず，2学期のできるだけ早い時期に身長・体重を測定し，普段の人間関係も考慮してメンバーを組みます。教師は，日頃の子どもの人間関係や一人一人の性格などをしっかり把握している必要があります。

　組体操の花形演技でもある55人ピラミッドを例に考えてみましょう。

　55人ピラミッドは，大きな技で迫力もあり，演技の最後にすることが多い技です。55人ピラミッドは，負荷のかかり方や目立ち方，役割がポジションごとに違います。普段目立たない子を前面（顔が出るところ）で目立たせ，自信をもたせることもできます。目立ちたがり屋に，見えないところで人を支えることの大切さを教えることもできます。全く姿が見えず，重い負荷に耐えて支えている我慢強い子がヒーローにもなれます。教師が何を意図してメンバーを組むかで，子どもたちは，たくさんのことを感じたり学んだりできます（図2参照）。

　技の上に乗る子は，できるだけ重ならないように選ぶなど，決まったメンバーが活躍するのではなく，一人一人がもっとも活躍できるポジションをできるだけ全員に用意することも，責任とやりがいをもたせ，自己肯定感を高めるのに大切です。

図2　55人ピラミッド　メンバー決定資料

背の高さ 高▼低へ

- ③　6人　顔は見えないが，負荷が1番大きく，ピラミッドを支える根幹
- ⑥　5人　顔は見えないが，負荷が3番目に大きく，ピラミッドを支える根幹
- ①　7人　力は今一歩だが，頑張っている子。普段あまり目立たないけど努力家
- ⑤　5人　顔は見えないが，負荷が2番目に大きく，ピラミッドを支える根幹
- ⑨　4人　顔は見えないが，負荷が5番目に大きく，ピラミッドを支える根幹
- ②　6人　力は今一歩だが，頑張っている子。普段あまり目立たないけど努力家
- ⑧　4人　顔は見えないが，負荷が4番目に大きく，ピラミッドを支える根幹
- ④　5人　力は今一歩だが，頑張っている子。普段あまり目立たないけど努力家
- ⑪　3人　顔は見えないが，負荷が6番目に大きい
- ⑦　4人　力は今一歩だが，頑張っている子。普段あまり目立たないけど努力家

高▼低

- ⑬　1人　最上段，信頼されている。素早い。怖がらない
- ⑫　2人　上から2段目。怖がらない。素早い。信頼されている
- ⑩　3人　上3段目。あまり負荷はかからないが，素早くのぼれること

※丸数字はピラミッドの配置。p.75参照

ステップ8 安全面の確認

いよいよ練習のスタートです。安全面の配慮は最大限に払わなくてはなりません。指導者が的確にポイントを理解し，アドバイスできることは，私たちが指導にあたって身につけておく必須事項です。技ごとのポイントは，第2章に載せています。万が一に備えて，補助の仕方，補助につく位置も含めて，しっかり役割分担しておくことが重要です。教師の補助は，安全面の配慮上，非常に重要な役割です。技ごとに，最適な人数・最適な場所を確認しておきましょう。

周到に安全対策を行っても，絶対に怪我をしないという保証はありません。しかし，計画から指導，そして指導後までをしっかり見通せば，たくさんの手立てを講じることができます。単に技についての知識だけにとどまらず，当たり前のことから，子どもの安全につながる要素を様々な角度から考えてみましょう。

★ 計画段階に

- 指導時数に見合った演技内容
  - 技数・技の難易度・演技時間など
- 子どもの実態に合った技の選択
- 適材適所のメンバー決め
  - 直近の身長・体重を把握
  - 運動能力・人間関係
  - 意欲・性格・根性
- 技の正しいポイント理解
  - →適切なアドバイス
- 補助の人数・方法・位置
- 見通しをもった指導計画
  - 全時間の予定→毎時間の予定

※柔軟に変更する。
- 子どもの体力（疲労度）に見合った
  - 練習時間・水分補給・休憩の間隔
- 練習の順序
  - 意欲の持続（「できた」感）

★ 体育の授業前に

- その日の（事前）健康チェック
- その日の精神状態・人間関係

★ 体育の授業中に

- 子どもの意識づけ
  - 信頼・協力・責任
  - 集中・緊張感
- 適度な休憩
  - 集中力・緊張感の維持
- 練習のテンポ
  - 大技→じっくり
  - モーション・1人技など→テンポよく
- 準備運動・整理運動
- （指導後の）怪我の有無の確認

★ 授業後に

- 全体のイメージ把握
  - カウント表・CDで
- 練習計画の見直し
- 演技構成の見直し

ステップ9 練習開始

　本番に向け，教師も，子どもも一生懸命に練習に取り組むことでしょう。しかし，「やらせる，やらされる」の関係ではなく，「共に創りあげる」関係として練習に臨みたいものです。いくつかの注意すべきポイントをみてみましょう。

★ 意識づけ

　「なぜ組体操に取り組むのか」「どんな目標に向かってみんなで頑張るのか」「何を大切にしなければらないのか」時折目標に立ち返り，自ら考え，意欲をもって取り組めるように意識づけしていきましょう。安全を守る上でも重要です。そして，一つ一つ集中して，適度な緊張感をもって練習に取り組めるようにしましょう。

★ 言葉かけ

　つい時間に追われ，怒鳴ったり，やることだけを指示したりしてしまいがちですが，子どものやる気を維持し，高めていく言葉かけを心がけましょう。教師の出す指示（技のコツや動き方）にはどんな意味があるのか，そうすることでどんな姿が完成するのかを，子どもにはっきりと伝える必要があります。さらに，取り組んだ結果に対する評価を，タイムリーに伝えることも大切です。

★ 休憩時間の確保

　練習に熱が入ると，つい休憩が短くなったり練習時間を延長したりしてしまいがちです。そのようなときこそ，適度な水分補給と，短時間でも心身ともにホッと息を抜ける時間の確保は，健康・安全を考える上でも，効率よく練習する上でも，大切なことです。

★ 練習の手順・テンポ

　どんな順で練習するかは，先の見通しや子どもの様子・疲労度などを考えて進めます。基本的には，人数が少→多，技の難度が易→難となるように進めます。しかし，万里の長城（p.70参照）のような，比較的難易度が低く，全員で取り組む大きな技を練習の最初に行うことも，意識を高める上で効果的です。

　練習のテンポも大切です。じっくり指導したい技については，時間をかけて行います。一方，1人技やモーションやダンスの場面などは，テンポよく指導を進め，曲にいち早く合わせるなど，練習の進め方にも工夫が必要です。

★ ノーミス練習日

　練習も半ばになると，気の緩みやダラダラとした雰囲気から怪我につながることが多くなります。

　期日を決めて，ノーミス練習時間を設定します。一つでも，1人でもミスをしたら，最初からやり直すという約束で行います。練習の真剣さが増すと同時に，互いの教え合いにも熱が入ります。

ステップ 10 イメージの共有化

練習もいよいよ大詰めです。ここまで来たら，子どもたち一人一人の思いと演技のイメージを一つにしていくことをめざします。

★ 演技を客観的に捉える

練習も中盤以降になると，演技をビデオ撮影し，観る時間をとります。自分たちの演技がどう観えているのか，客観的に捉えることで，自らを評価し，課題を見つけて行動につなげる力を育てます。見つけた課題をしっかりと共有化しておけば，ビデオの効果は大きく，観た後の練習は，見つけた課題をいかにクリアしていくか，練習に取り組む子どもたちの意識は高まります。

★ 自信をもって

いいところもしっかり共有しておきましょう。本番直前になると，不安や心配が先に立ち，悪い所にばかり目が向きがちになります。そのときこそ，いいところや練習で成長したところを教師がしっかりと伝え，自信をもって取り組めるようにすることが大切です。

校長先生や他学年の先生などに観てもらって講評をいただいたり，家族への招待状を書いたりといった機会をもつのもいいですね。

第 **2** 章

「組体操」の技　全部紹介！

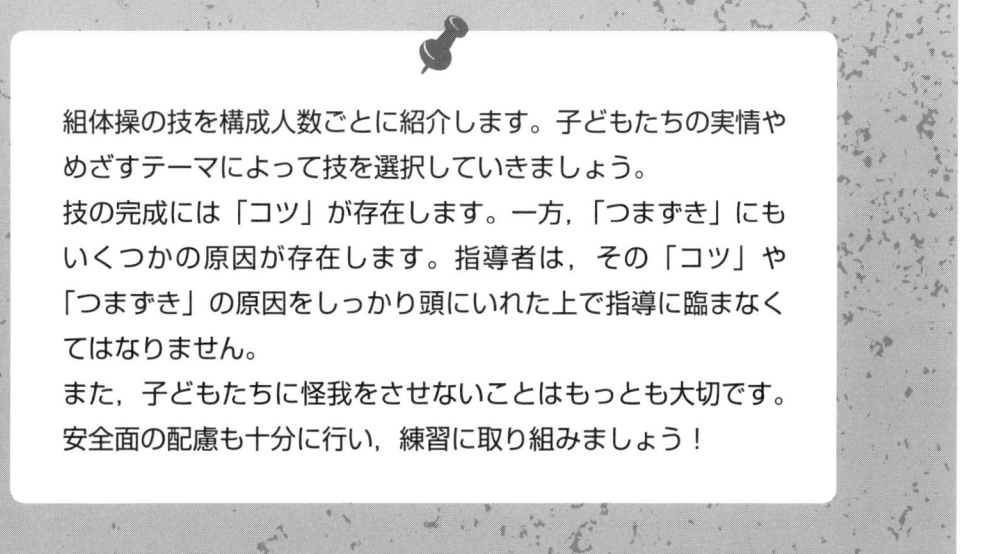

組体操の技を構成人数ごとに紹介します。子どもたちの実情やめざすテーマによって技を選択していきましょう。

技の完成には「コツ」が存在します。一方，「つまずき」にもいくつかの原因が存在します。指導者は，その「コツ」や「つまずき」の原因をしっかり頭にいれた上で指導に臨まなくてはなりません。

また，子どもたちに怪我をさせないことはもっとも大切です。安全面の配慮も十分に行い，練習に取り組みましょう！

1人技

直立ピン / 十字 / A（エー）/ Y字

ジャーン / あっち / K（ケイ）/ 十字バランス

あっち:  手の指先を見る。
K（ケイ）: 手足をまっすぐ伸ばす。
十字バランス: 足と手を平行にするときれい。

アンテナ / ロールケーキ / 一人シンクロ / 一人シンクロ2

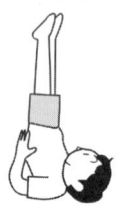

アンテナ: つま先が天井をさすようにする。足の先，膝，おしりに力を込める。
一人シンクロ:  伸ばす足はまっすぐ伸ばし，曲げる足はしっかり曲げる。
一人シンクロ2: 伸ばす足はまっすぐ高く。

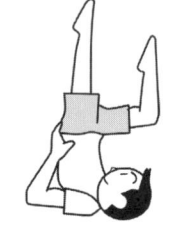

かぎかっこ / 馬 / 馬キック / コの字ピン

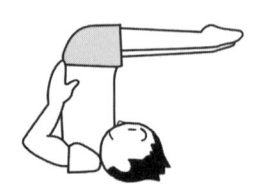

かぎかっこ: 足と体が90°にする。
馬キック:  つま先はしっかり伸ばす。顔をあげて視線は前。
コの字ピン: 体と足は直角にする。

| L字ピン | ブリッジ | サマーソルトキック | ダイブ |

| テーブル | 弓 | カエル倒立 | |

手と体，膝が90°になるようにするときれい。

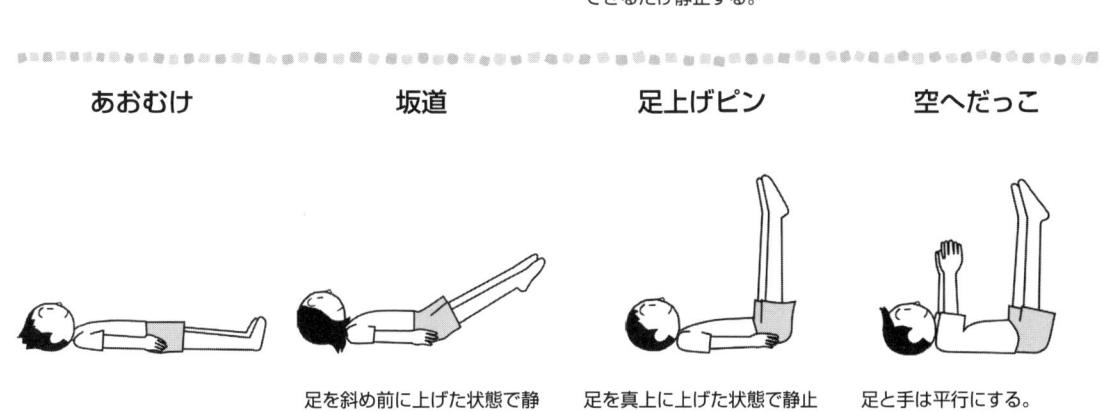

膝をひじの上に乗せる。

| V字バランス | V（ブイ） |

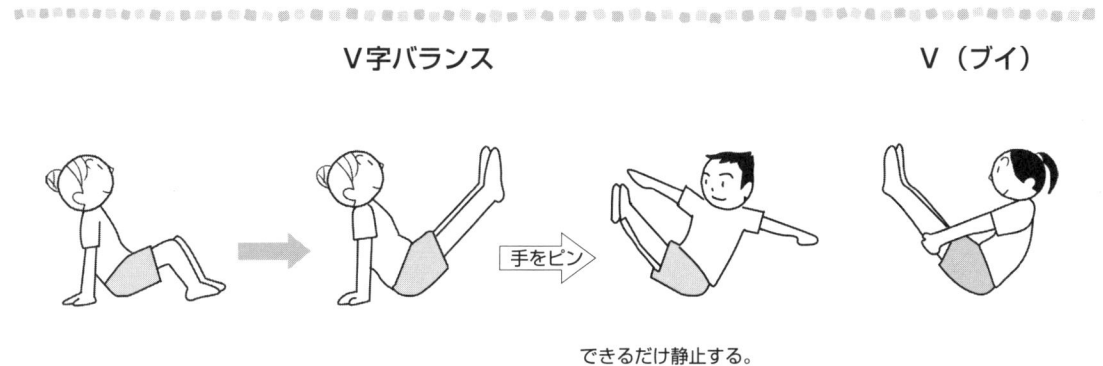

できるだけ静止する。

| あおむけ | 坂道 | 足上げピン | 空へだっこ |

足を斜め前に上げた状態で静止する。

足を真上に上げた状態で静止する。

足と手は平行にする。

第2章 「組体操」の技　全部紹介！

1人技

Y（ワイ） 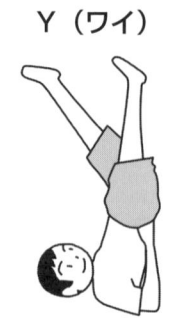
膝は曲げず，まっすぐ伸ばす。

T（ティ） 
膝は曲げず，まっすぐ伸ばす。

腕立て

ななめ十字
安定させるため足はクロスさせる。

逆腕立て 
頭から足までが一直線になるようおなかに力をいれる。

しゃちほこ

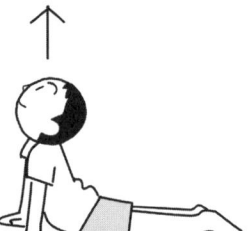

ゆりかご

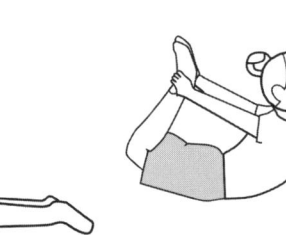

飛行機
腕は横にまっすぐ。足が直角に開くときれい。 

おすもうさん
足をクロスして立つ。

バレエ人形
片足を軸にして回転する。

2人技 ★★

● サボテン

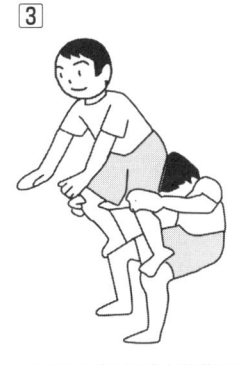

指導ステップ

1 肩車の状態からスタート！

2 下の子どもは膝を90°に曲げ，太ももが地面と平行に！
上の子どもは，太ももに乗るだけ！

3 下の子どもは膝上部分をしっかり持ってから首を抜き，後ろに体を倒す。

4 上の子どもは前にゆっくり倒れる。

完成！

成功に導く言葉かけ

3で首を抜くときにバランスが崩れてしまう…
　下の子どもへ「腰をおとして徐々に後ろに体重をかけていこう」
　上の子どもへ「膝を曲げずに気をつけの姿勢でしっかりと立とう」
4でグラついている…
　下の子どもへ「膝の上あたりをしっかり持ってみよう」
　上の子どもへ「背筋はまっすぐに！」

● ジャイアントスウィング

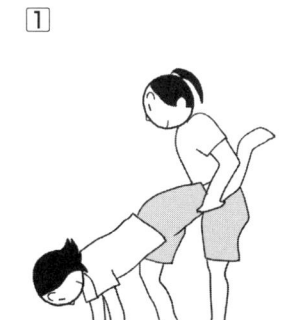

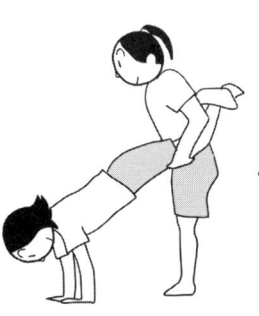

指導ステップ

1 回す子どもは，相手の子どもを片足ずつ持ち，太ももあたりを抱え込む。

2 回る子どもは，後ろで足を相手の腰に巻きつける。

3 回す子どもは，後ろに重心を移動させながら回す。

4 胸を張って，顔を上げる。

完成！

成功に導く言葉かけ

3で上手く体が上がらなかったら…
　回る子どもへ「地面と平行になるように，背筋を使って体を持ち上げてみよう！」
　回す子どもへ「重心を後ろにもっていきながら，思い切り回してみよう！」

第2章 「組体操」の技　全部紹介！　23

2人技

● ふきのとう
足先を合わせておく。

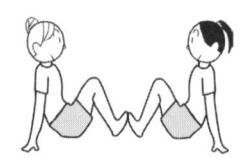

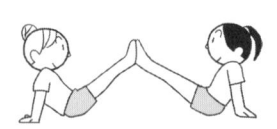

膝を伸ばし、足裏を合わせる。

● きのこ
手を合わせておく。

相手の足首のあたりを持つ（手と足を交差させるときれいに見える）。

● しゃちほこ
足を肩にかけ、足首のあたりを持つ。

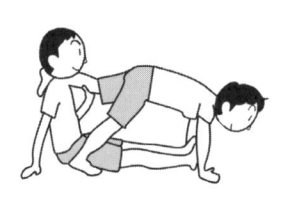

足首を斜め前に上げるようにすると上がりやすい。

● リボン
お互いの手と足のつく位置を合わせる。

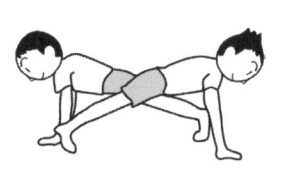

頭から足先までが一直線になるように、腕と足先で支える。

● すべり台
足首のあたりを持つ。

できるだけ高く上げる。足首を斜め前に上げるようにすると上がりやすい。

● バランス
お互いのつま先を合わせ支点にする。互いのひじのあたりを持ってずらしていく。

つま先が離れないようにくっつけ、互いに引っ張り合う。

● 補助倒立
支える側の足の近くに手をつく。

ふり上げ足だけを見て、その足をつかむ。

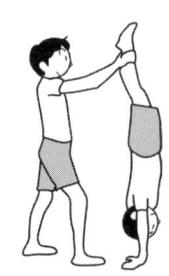

あごを引き顔を下げ、手のひらから足先までが一直線になるようにする。

肩車

土台の子どもは腰から上げないように気をつける。

後ろで足をクロスさせる。背筋を伸ばす。

水上スキー

土台の子どもは膝を90°に曲げるイメージで。互いの手首を持ち合う。

腕を伸ばし，体を開く。

サーフィン

土台の子どもは背中を水平にする。

上の子どもは足を肩幅にひらき，背筋を伸ばす。

ひざのり

土台の子どもは背中を水平にする。

すねのあたりを乗せ，バランスをとる。背筋を伸ばす。

家

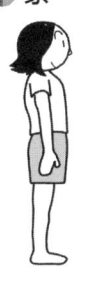

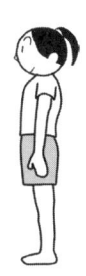

お互いの足首を持つ。ひじ，膝はまっすぐ伸ばす。

きのこ2

体の前でペアの子どもの足首を持つ。手のひらを合わせる。

上げている足の下を通し，体の前でペアの子どもの足首を持つ。

スケート

土台の子どもは腰を落とし，ふんばる。互いの肩のあたりを持つ。

上の子どもはバランスを取りながら，後ろの足を伸ばす。

ダブリュー

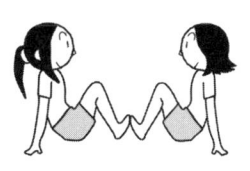

足先を合わせておく。

膝を伸ばし，足裏を合わせる。腕を伸ばし，バランスをとる。

第2章 「組体操」の技 全部紹介！

2人技

ロケット
指先を地面につけ，しゃがむ。

内側の手をななめ上へ高く上げ，手のひらを合わせる。

手押し車
足首のあたりを持つ。

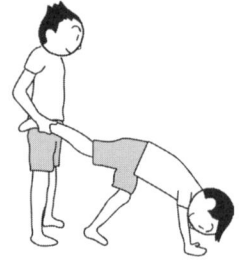

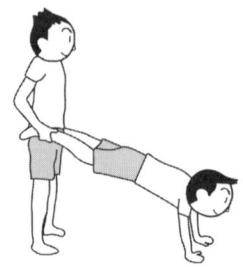

顔を上げ，ひじ，膝をしっかり伸ばす。

馬立ち
土台の子どもは手を膝につき，背中を水平にする。上の子どもはしゃがんで待つ。

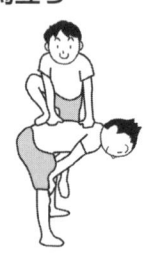

バランスをとりながらゆっくりと立ち上がる。

山
手で腰を支え，ぐっと上へ上げる。膝と足先をできるだけ高く伸ばし，つま先を合わせる。

橋
下の子どもは上の子どもの足首のあたりを持つ。

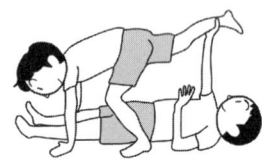

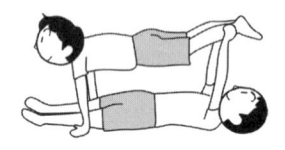

腰を落とさないようにする。

ベンチ
足先を合わせておく。

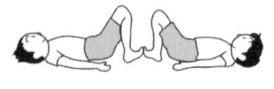

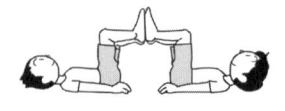

膝を90°にして足裏を合わせる。

屋根
膝を少し内側に向け，片足の膝を立てる。

内側の手をななめ上に伸ばし，手のひらを合わせる。外側の手も地面と平行に。

えんとつ
倒立した子どもの腰あたりを持ち，支える。

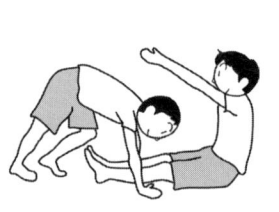

2人技

日の出
互いの手をにぎり，足先を合わせておく。

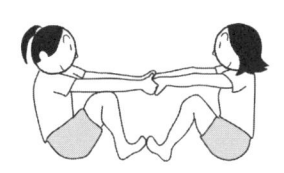

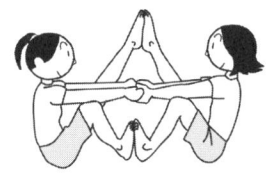

膝を伸ばし，足裏を合わせる。

エレベーター
互いの手を組む。土台の子どもはひじを伸ばす。

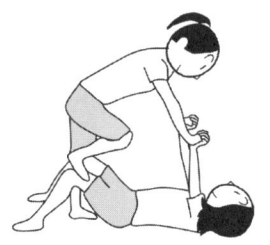

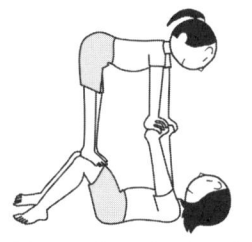

土台の子どもの膝の上に乗る。お互い，ひじを曲げないようにする。

空気イス
背中をくっつけて立ち，腕を組む。

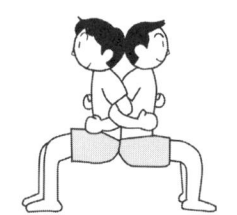

背中で互いを押し合いながら，膝が90°になるようにする。

ロミオ
ひじを伸ばし，手のひらを合わせる。立っている子どもはつま先立ちをする。

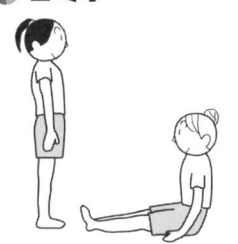

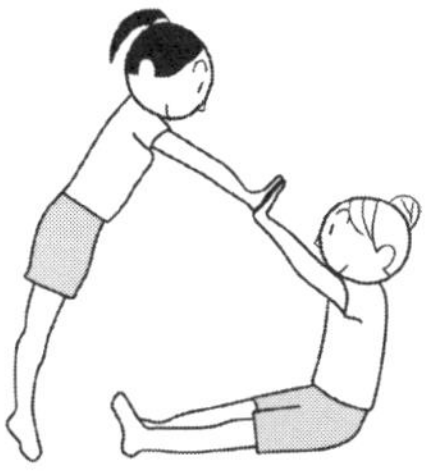

Y字バランス
背中合わせで腕を組み，土台の子どもはしゃがんで，腰の上に乗せる。

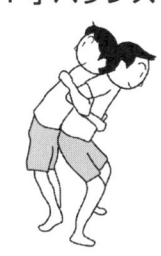

上の子どもは膝と足先を伸ばし，ななめ上へ高く上げる。

直角
互いにひじを伸ばし，手のひらを合わせる。

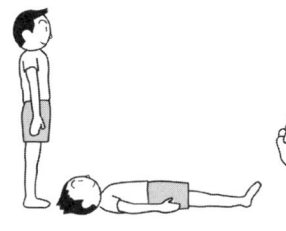

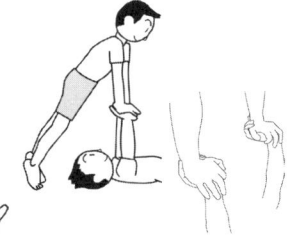

トンネル
腰を落とさないようにし，腕立ての状態で待つ。

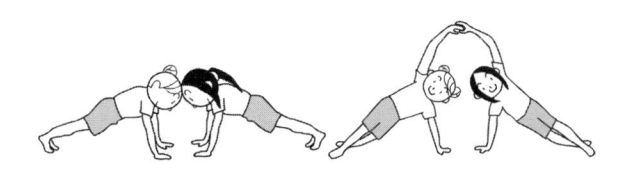

あげた手で輪を作るように互いの手を重ねる。

犬の散歩
立っている子どもは外側の足の膝を曲げ，土台の子どもの足首を持つ。

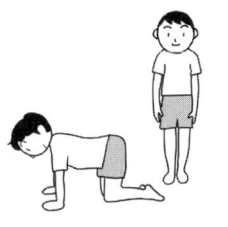

第2章 「組体操」の技　全部紹介！　27

2人技

○ ジャンプ

互いの手をにぎる。

膝を曲げ、できるだけ高くジャンプする。

○ エックス

手前の子どもが先に完成させる。後ろの子どもは、自分の体が手前の子どもに重なって隠れる位置に用意する。

背支持倒立をし、膝を伸ばす。

○ 風車

土台の子どもは膝を曲げ、上の子どもの手首をしっかりと持つ。

上の子どもは膝を曲げながら回転する。

しっかりと最後まで手首を持っておく。

3人技 ★★

● ミニタワー

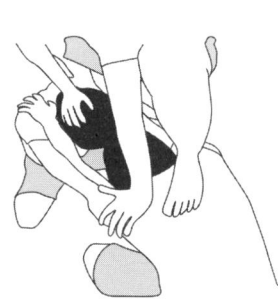

① ② ③ 完成！

指導ステップ
土台の子どもは肩を持ち合い，上に乗る子どもは首の下付近に乗る。

頭を付けながらゆっくりと同時に立ち上がる。

👑 成功に導く言葉かけ

①で上手く乗ることができない…
　土台の子どもへ 「持ち上げた後，しっかり腰を入れよう」
　上の子どもへ 「首の後ろから肩甲骨あたりに乗ろう」

|安全面のポイント| バランスが崩れたときは，必ず上の人は後ろにおりることを確認しておきましょう。

● すべり台

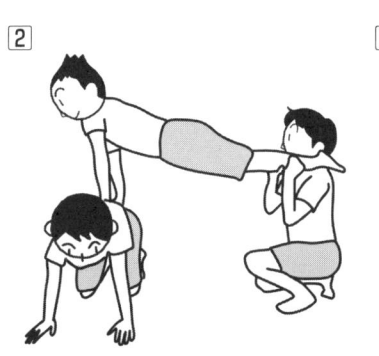

① ② ③ 完成！

指導ステップ
前の子どもが土台になり，中央の子どもは腰（肩）に手を置く。

中央の子どもは，後ろの子どもの肩に足をかける。

後ろの子どもは，足を肩からゆっくりななめ前方に押し上げる。

👑 成功に導く言葉かけ

③で上手く持ち上がらない…
　中央の子どもへ 「腰を落とさずにまっすぐ伸ばそう」
　後ろの子どもへ 「ななめ前にあげやすいように足首あたりを持とう」

第2章 「組体操」の技　全部紹介！

3人技

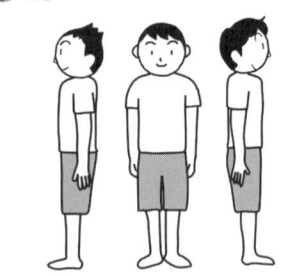

● 碇

両側の子どもは外を向く。

両側の子どもは頭を中央にして仰向けになり，中央の子どもは立って待機する。

中央の子どもは両手を広げ，両側の子どもは肩倒立をする。

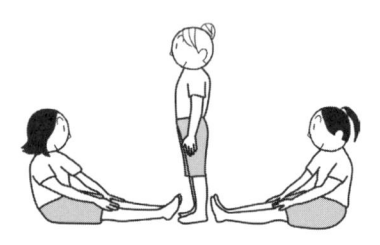

● 鶴

中央の子どもは横を向き，両側の子どもは向かい合って長座で待機する。

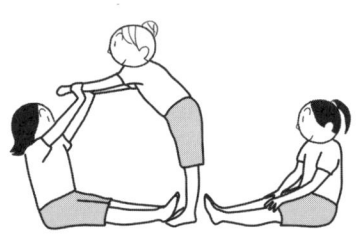

左側の子どもは，中央の子どもの腕を両手で支える。

右側の子どもは，中央の子どもの片足を支え，3人とも手を伸ばす。

● ライトアングル3

両側の子どもは，頭を内側に仰向けに寝る。

中央の子どもは，足を広げて座りながら体重を後ろにかけ，左側の子どもがその肩を支える。

右側の子どもは中央の子どもの足を支え，中央の子どもは手をあげる。

● ゼロフライト

中央の子どもが手を広げ，両側の子どもは手の向きと位置に気をつけて持つ。

3人がタイミングを合わせ中央の子どもがジャンプする。

わきの下に重点を置いてしっかり支える。

◉ ソファー

両側の子どもは片膝立ちで手のひらを上にして両手をつなぐ。

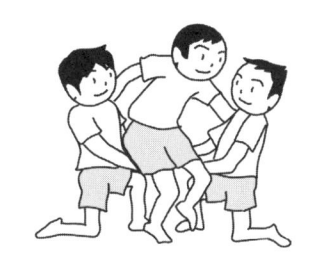

中央の子どもは両側の子どもの肩に手を置き、腕の上に座る。

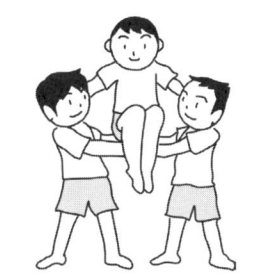

両側の子どもが立ち上がる。

◉ 3人ピラミッド

2人の子どもが土台を作る。

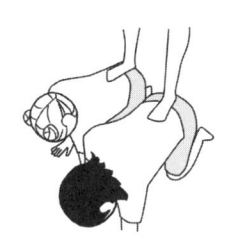

上に乗る子どもはバランスを取りながら腰あたりに乗る。

3人が顔を上げ正面を見る。手のあげ方次第で変化が可能。

◉ V字

中央の子どもが土台を作る。

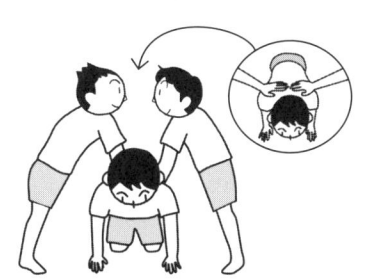

両側の子どもは土台の肩甲骨に手をつく。腰を落とさないように注意する。

両側の子どもはタイミングを合わせ同時に開く。

◉ W肩倒立

中央の子どもは膝で立ち、両側の子どもは足を曲げ仰向けに寝る。

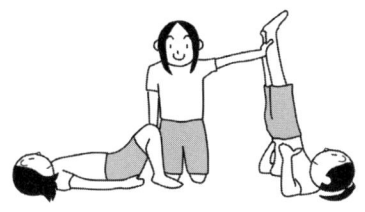

順にアンテナをする。

中央の子どもは両側の子どものふくらはぎあたりを持ち、支える。

3人技

ダブル倒立

| 片側の子どもが補助倒立する。 | 中央の子どもは片手で足を支え，次の倒立補助の準備をする。 | 中央の子どもは両側の子どものふくらはぎあたりを持ち，支える。 |

トリプルクロス

| 中央の子どもが土台を作る。 | 両足を中央の子どもの背中に乗せ，腕立ての姿勢で支える。 | 両側の人は足を交互に乗せる。 |

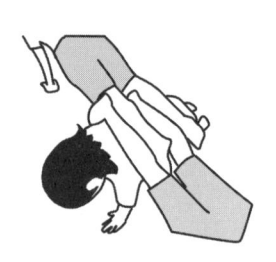

ランジ

| 両側の子どもは向かい合って片膝を曲げて待機。 | 中央の子どもは片足ずつ肩を持ちながら乗る。 | 両側の子どもは腕でしっかり支え，中央の子どもは膝を伸ばして立つ。 | 両側の子どもの姿勢をよくするとイメージも変わる。 |

ステップ

| 中央の子どもは片ひざ立ちで左側を向く。右側の子どもは中央の子どもの肩に片足ずつかける。 | 中央の子どもは手を伸ばして倒立を支える。 | 視線を意識し，足や腕を伸ばす。 |

○ トリプル扇

足を中央に寄せ，手首を握り，扇の準備をする。

腕を引き合った状態から，曲げている足を伸ばす。

同時に前へ倒れる。

○ 森

両側の子どもが腰を低くし土台を作る。中央の子どもは片足ずつ肩を持ちながら乗る。

土台の子どもは膝あたりを持って支える。

中央の子どもは前へ，土台の子どもは後ろに体重をかける。バランスが崩れたら土台はすぐに手をはなす。

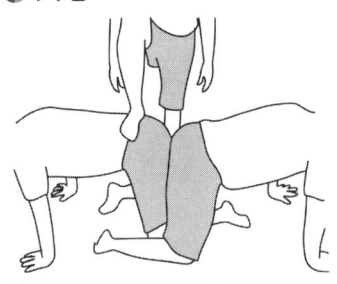

○ 大地

外側を向いて土台を作る。足をはさみこみ近づく。

中央の子どもが腰あたりに乗る。

両手を開き，3人とも顔は正面を向く。

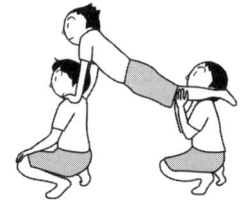

○ 飛行機

後ろの子どもは片膝立ちで上の子どもの膝あたりを持つ。

前後同時に立ち上がり，バランスをとる。

上の子どもは肩を前に出し，後ろの子どもは足を持ち上げ，ななめ前に押し上げることを意識する。下の2人の間隔は一定に。

3人技

第2章 「組体操」の技　全部紹介！

3人技

● ジェットコースター

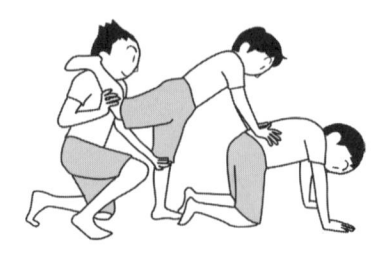

前の子どもが土台になり，中央の子どもは腰に手を置く。

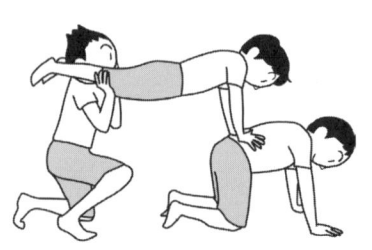

中央の子どもは後ろの子どもの肩に足を乗せる。

後ろの子どもがももあたりを持ち，倒立の姿勢まで持ち上げる。

● モール

右側の子どもは土台の子どもの腰に手を置く。

上の子どもは土台の子どもの背中に乗り，中段の子どもの肩甲骨あたりに手を置く。

足を伸ばし，顔を上げる。

● 地平線

正座，両膝立ち，直立の順に並ぶ。

手を広げる。

手の動きを合わせる。

● ビッグW

両側の子どもが倒立補助をする。

中央の子どもが補助倒立し，両側の子どもが両手で支える。

両側の子どもが手を広げ，3人とも正面を見る。

34

◯ サンライズ

両側の子どもは腰を合わせ，土台の準備をする。

中央の子どもが土台に乗る。

手を広げて，視線を上げる。
ポーズ後，前におりる。

3人技

◯ 肩車倒立

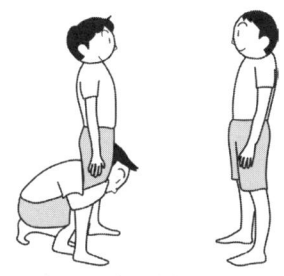

向かい合って肩車の準備をする。

肩車完成後，上の子どもが倒立補助をする。

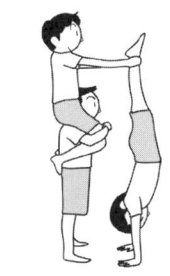

手の届くところに足が上がるようにしておく。

◯ アンカー

両側の子どもがV字バランスの準備をする。

両側の子どもは足を上げる。

中央の子どもは手を広げる。

◯ 鍵盤

手は肩甲骨あたり，膝は腰あたりに置く。

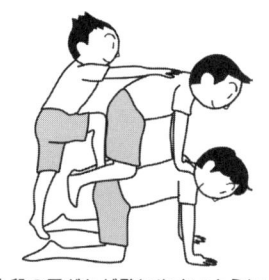

最上段の子どもが登りやすいように，足場を作っておく。

顔を正面に向ける。

第2章 「組体操」の技　全部紹介！　35

4人技

● トーテムポール

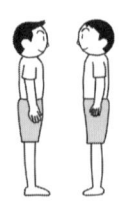

1️⃣ 2️⃣ 3️⃣ 完成！ 4️⃣

指導ステップ

- 最前の子どもだけ向かい合う。後ろの子どもは腰を持って上げる準備をする。
- 掛け声で土台の子どもの肩に立つ。最前の子どもは土台の子どもの肩を持ち安定させる。
- 後ろの子どもはひじを土台の子どもの肩の上に乗せ、上の子どもの足をはさみこむように膝を持つ。
- 掛け声をかけ、上の子どもはしゃがみ、後ろの子どもは上の子どもの腰を持つ。後ろの子どもは下がりながら着地まで腰をしっかり持っておく。

👑 成功に導く言葉かけ

2️⃣で上手く持ち上げられない…
　持ち上げる子どもへ「体操服を握るように持ち上げよう」
　上の子どもへ「一度軽くしゃがんで反動をつけよう」

安全面のポイント 2人で持ち上げる練習を何度も行いましょう。

● アップサイドダウン

1️⃣ 2️⃣ 3️⃣ 完成！

指導ステップ

- 2組それぞれが背を向けあって手を組む。
- 2組がタイミングを合わせて足を伸ばしたまま上げる。
- 上の子ども2人が足を伸ばしたまま開き、内側の足を合わせる。

👑 成功に導く言葉かけ

きれいに見せるために…
　土台の子どもへ「肩幅より広く足を広げることを意識しよう」
　上の子どもへ「足を曲げる→足を伸ばす→足を広げる，のメリハリをつけよう」

◉ ミックスサボテン

2組とも肩車を作る。

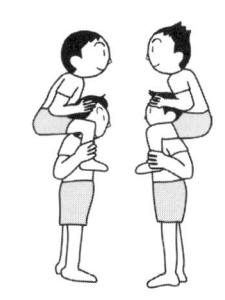

向かい合って視線を合わす。

サボテンからゆっくりと手を合わせる。

4人技

◉ ユニットサーフィン

前の2人が土台を作る。

内側を向きながら土台の子どもの腰に乗る。

上の子どもは手を合わせる。

◉ ダイヤモンド

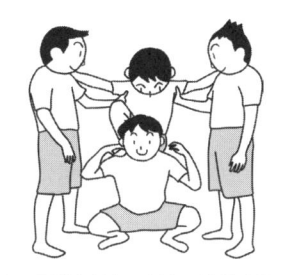

中央の子どもはしゃがんで待機する。

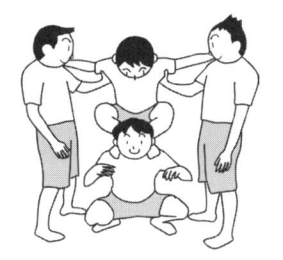

後ろの子どもが両側の子どもに支えてもらいながら前の子どもの肩に乗る。

全員が手をつなぎ腕を伸ばす。上の人は同時に立ち上がる。

◉ 鏡

土台の子どもは外側を向いて待機する。

中央2人は土台の子どもの腰に座る。

足の裏を合わせながら手を伸ばす。

第2章 「組体操」の技　全部紹介！

4人技

◎ 丘陵

外側2人は内を向いて腕立ての姿勢で待機する。

両側の子どもは片手バランスをし、中央の子どもは腕を持ち、支える。

◎ ショベルカー

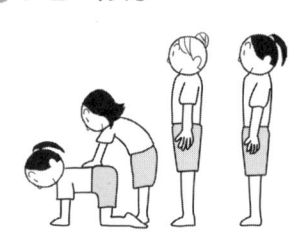

最前の子どもが土台、2番目の子どもが腰に手を置く。後ろ2人は肩車の準備をする。

後ろ2人は肩車からサボテンを作る。

2番目の子どもが片足ずつ上げ、サボテンの上の子どもが足を持つ。手押し車のような形になる。

◎ ピース

2人ずつ内側を向く。左の内側の子どもは土台を作る。

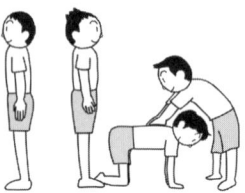

右の内側の子どもは足を開いて、土台の肩甲骨あたりに手を置く。

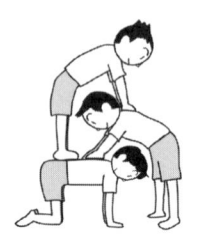

左の子どもが土台の子どもの腰に乗る。

右の子どもは土台の子どもたちを上っていき、左の土台の肩甲骨あたりに手を置く。

◎ 山小屋

中央の子どもは向かい合って両側の子どもの足を肩に乗せる。

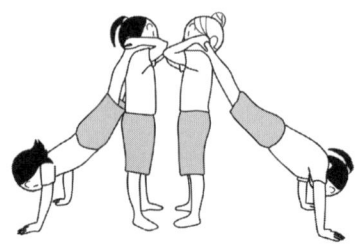

同時に立ち上がり、両側の子どもは手を中央に近づける。

中央の子どもたちは手を合わせる。

◉ 屋根

中央の子どもは背を向けて長座で待機する。

肩に足を乗せる。

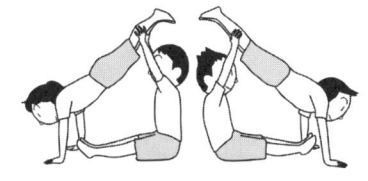

タイミングを合わせて持ち上げる。

4人技

◉ 階段

左側の子どもは立ち上がる。

右側の子どもは両足をかける。

左側の子どもは足を持ち上げる。ななめ前に押し上げること意識する。

◉ グライダーⅡ

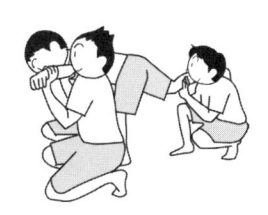

前の2人の子どもは上の子どもの手首と脇あたりをもつ。足は膝あたりを持つ。

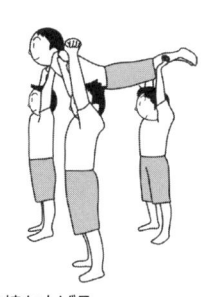

同時に持ち上げる。

立ち位置を確認しておき，全員が手を伸ばす。

◉ 4人扇

手を後ろで交差させて組む。

扇の準備をする。腕もしくは手首をしっかり握り合う。

体をまっすぐ伸ばす。

第2章 「組体操」の技 全部紹介！

5人技

● グライダー

1 上に乗る子どもの脇の下と手首を持つ。重量挙げのような形で支える。

2 上に乗る子どもは膝を後ろの2人の子どもの内側の肩に乗せる。後ろの子どもは内側の手ですね、外側の手で太ももを支える。

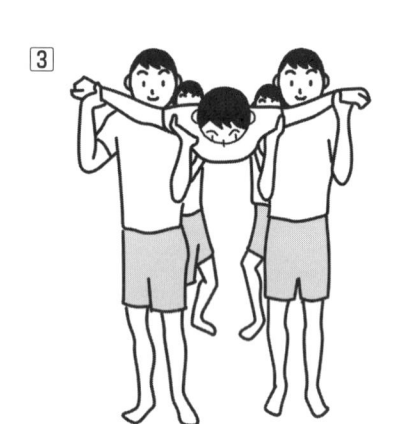

3 肩に乗せたまま立ち上がる。

4 腕を伸ばし、高く上げる。
上の子どもは顔を上げ正面を見る。

完成！

5 3→2→1の態勢で上の児童を下ろす。
※4から持ち上げたまま移動もできる。

👑 成功に導く言葉かけ

3で上の子どもが腕を痛がったら…
　下の子どもの持ち方を「手のひらに乗せるようにしよう」
4で後ろの子どもが支えきれなかったら…
　後ろの2人に「前後にずれていいから、できるだけ真ん中に寄ろう」
どうしても途中でおろしてしまう…
　下で支える子どもを1人増やす。その1人は下の子どもの前列と後列の間に入って、上の子どもの腰を支える。
※4の状態から下の4人が歩いて移動することができます。支える子どもを1人増やすと、より安定して移動することができます。

珊瑚

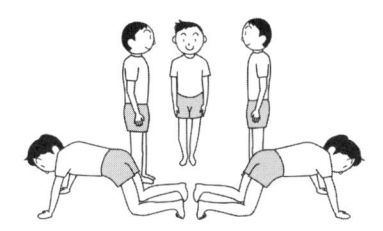

手前の2人はかかとが合わさるぐらいの間隔で位置を決める。	真ん中の2人は腕を上げるときに当たらない程度の間隔を前後にとる。	上になる足を前に出して姿勢をそろえる。

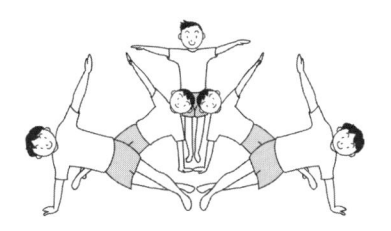

バンク

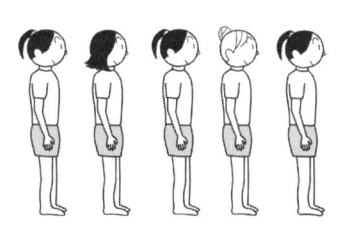

肩に手をかけられるくらいの間隔で並ぶ。	間隔は一定のまま。	腕を伸ばしたとき角度がそろうようにする。

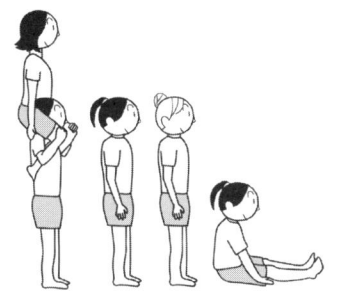

トライデント

倒立する子どもに向き直して、倒立を受け取ってから正面を向く。	反対側も同様に倒立をする（1人目より倒立の上手な子どもを配置する）。	正面からも倒立する。肩車の上の子どもが足を補助する。

リフト

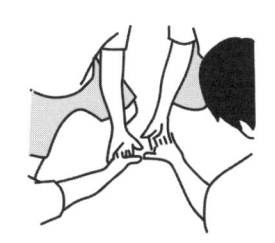

前後のペアで手のひらを上向きにして組む。	後ろの2人は空いている手を上の子どもの腰に当てて支える。	前の2人は上の子どもの膝上を支える。

5人技

第2章 「組体操」の技　全部紹介！

5人技

◯ 合掌造り

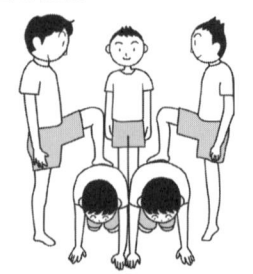

両側の子どもは土台の子どもの腰の上に足を乗せる。

中央の子どもは土台の子どもに乗ってから両側の子どもの膝に乗る。

上の子どもから腕がまっすぐつながるように伸ばす。

◯ ソユーズ

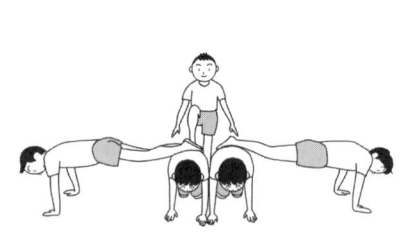

土台の子どもの背中に足を乗せる。

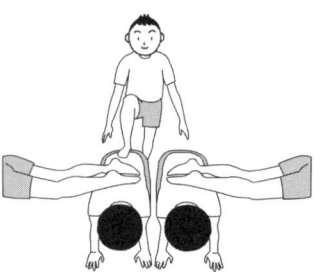

腰の上に乗る。

上に乗り腕を広げる。

◯ ジャンピングカートレイン

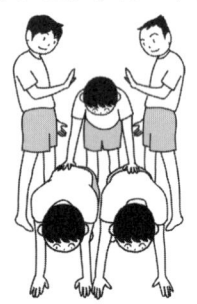

横で補助の用意をする。

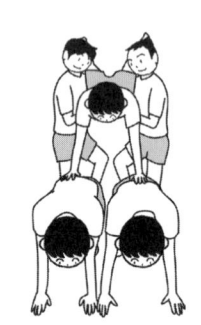

横の子どもが支えながら倒立。

全員，顔を正面に向ける。

◯ ボストーク

2段目の子どもは腰と首の下に手をつく。背中を少し膨らませる。

一番上の子どもは2段目の子どもの首の下辺りの安定する位置に乗る。

立ち上がり腕を広げる。

42

◎ 扇

◎ イソギンチャク

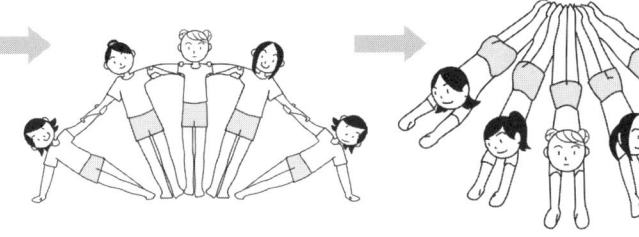

両端の子どもが伸脚の姿勢で足を中央に寄せる。お互いのひじ辺りを持つ。

持つところを肩→ひじへとずらしながら広げる。腰が曲がらないようにする。

腰が引かないようにお腹を突き出して倒れる。両端の子どもが外側へ広く倒れると内側の子どもが倒れやすい。

◎ ツリー

中央の2人はつま先がつくくらいで膝まづく。両端の2人は中央の2人の肩に手をかけられる間隔で立つ。

太もものつけ根の方に乗る。

両端の2人は視線を斜め上に向ける。

◎ かぶと

両端の2人の足と中央2人の足が重なるくらいの間隔で用意する。

両端の2人は片足だけ肩にかける。

全員視線を上げる。

第2章 「組体操」の技 全部紹介！

5人技

5人技

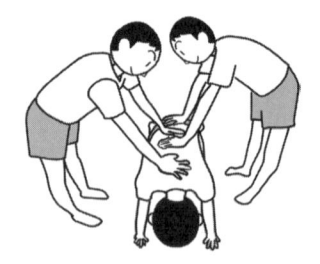

● 跳ね橋

首の下から互い違いに手を置く。

両端の2人はかつぐ子の膝下を持つ。

真上ではなく，ななめ上方向に持ち上げる。

● 石垣

膝を曲げ乗りやすくする。

上に乗る子どもは，同じタイミングで上るのではなく，タイミングをずらして乗る。

顔は正面に。手はななめ上にあげる。

● やぐら

1段目同士はかかとがつく間隔で，2段目同士は腰がつく間隔で土台をつくる。

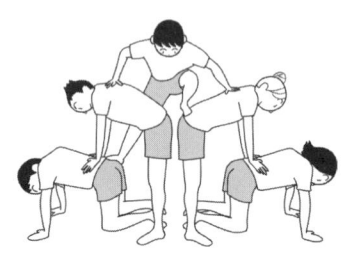

のぼる子どもは，2段目の子どもの肩に手をつき，1段目の子どもに片足を乗せてから一番上までのぼる。

全員，顔を上げる。

● ソフトクリームタワー

土台の子どもの肩甲骨あたりに手を置く。

背中が水平になるように組んでいく。

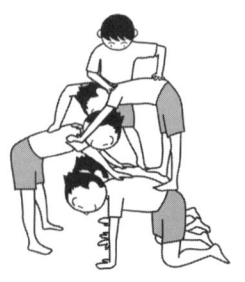

1段目の横から上に乗る。

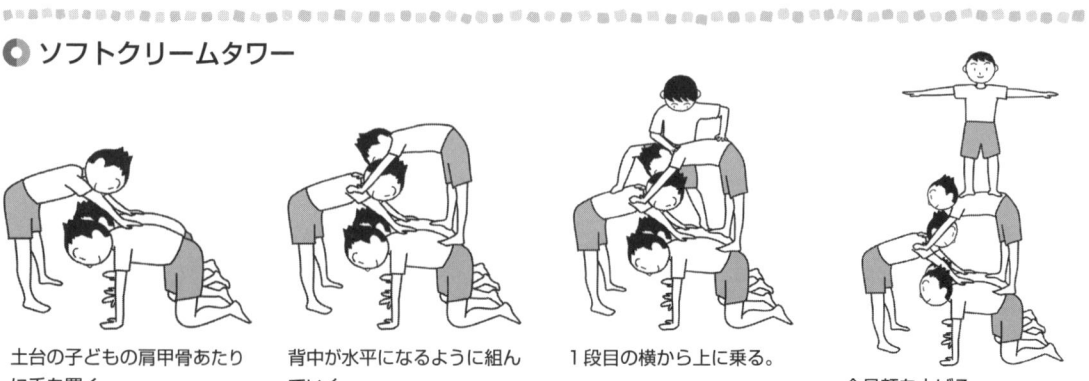

全員顔を上げる。

● 台形

両端の子どもは片方ずつ足を乗せる。

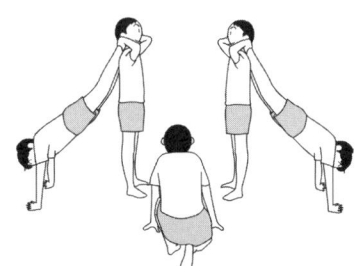

支持する子どもが立ち上がるのに合わせて両端は中央による。

支持する子どもは倒立する前に手を出しておく。

5人技

● ジグザグ

両横の子どもが補助倒立。

内側の足を中央の子どもが持つ。

両端の子どもが広がる。

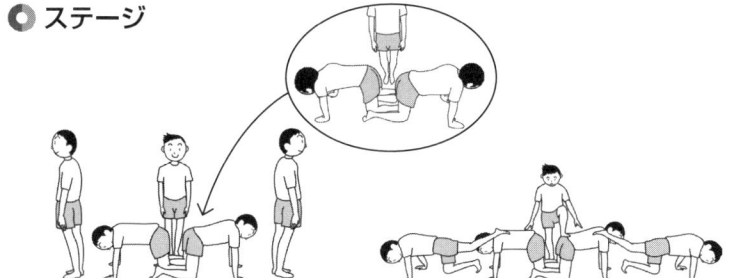

● ステージ

足を交互に組む。

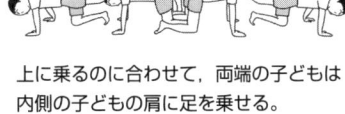

上に乗るのに合わせて，両端の子どもは内側の子どもの肩に足を乗せる。

全員，顔を上げる。

● 山

両端の2人は土台の子どもと半歩分ほど間隔を開ける。

両端の2人は，足がまっすぐ伸びるように位置を調整する。

全員顔を上げる。

第2章 「組体操」の技 全部紹介！ 45

5人技

◉ 王冠

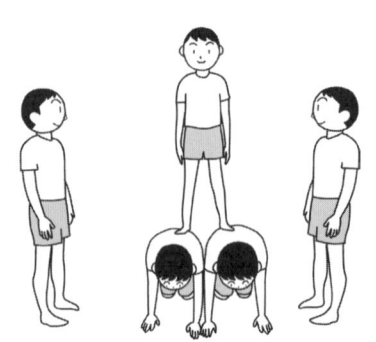

中央で3人ピラミッドをつくる。

両端の子どもが1人ずつ補助倒立する。

上の子どもが片手で受け止められるよう，倒立するときに勢いがつきすぎないように気をつける。

◉ 教会

1　両端の2人は土台の子どもと半歩分ほど間隔を開ける。

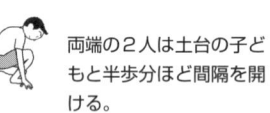

2　両端の子どもは足首を内側の子どもの肩にかける。

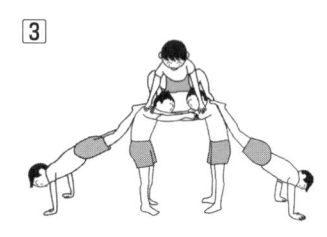

3　中央の2人は頭をつけながらゆっくりと同時に立ち上がる。
内側の子どもが立ち上がるのに合わせて両端の子どもは中央による。

4　まっすぐ腕を広げる。

◉ ピストン

リフトp.41の完成から始める。

土台の子どもが中央によって，さらに高く持ち上げる。

タイミングを合わせ上下する。上の子どもは直立。

6人技

● クイックピラミッド

側面から	①準備「せーの!」	②完成「正面を向く」	③下ろす
正面から			

指導ステップ

1段目は四つん這いの姿勢。
※足首を立てない。
2段目はしゃがんで、1段目の背中に手を当てる。
3段目は2段目の背中に手を当てる。

全員の、「せーの!」の号令を合図に。
1段目は四つん這いの姿勢。
2段目は3段目の肩甲骨に手をあてて中腰。
3段目は2段目の肩甲骨に手をかけて、2段目の背中に跳び乗る。
3段とも、完成時に重心を手の方に持っていく（横から見たときに、3段とも顔の位置がそろうようにするときれいに見える）。

3段目が後方に飛びおりる。
2段目、1段目は①の状態に。

曲のカウントに合わせて①②③を繰り返す。

④崩し方（矢印の方へ）

1段目 
1段目は、膝を支点にして前に倒れる。
※ひじを立てると、落ちてくる子どもに当たるので、手で体を支えないようにする。

2段目 
2段目は、手を1段目の間に伸ばすように前に倒れる。

3段目 
3段目は、手は前に、足は後ろに放り出すように倒れる。

合わせると

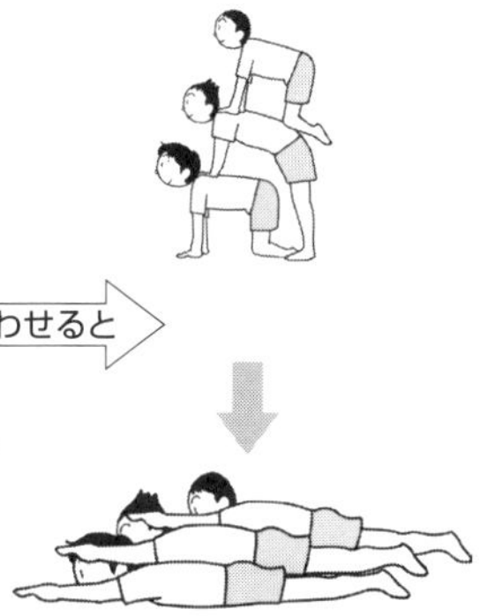

👑 成功に導く言葉かけ

土台が安定しない…「1段目は隣と支えている手をくっつけよう!」
3段目が乗れない…「3段目が、『せーの!』の合図の少しだけ早いタイミングで動きだそう!」
　　　　　　　　（3段目だけが、早いタイミングで始動することで、一気に3段目の位置までジャンプせずにすむ。先に2段目に完全に乗ってしまい、2段目の子が背中で持ち上げる）
崩すとき…「せーの!の合図で全員が一勢に崩そう!」
　　　　　「3段目は、その場でスーパーマンの様に!」「その場で下に落ちるようにしよう!」
※最初から3段を組むのではなく、1，2段目だけで完成、崩すの両方の練習をすると効果的です。

第2章 「組体操」の技　全部紹介!

6人技

● ピラミッド

1段目の子どもは肩を寄せ合い，腕は交差させない。

2段目を作る。膝は腰の上，手は肩甲骨辺りにつく。

全員顔を正面に向ける。

● テーブル橋

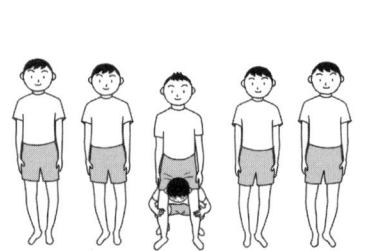

中央の子どもが肩車をする。

両横の子どもが補助倒立をする。

腕を広げ，全員で顔を上げる。

● サーカステント

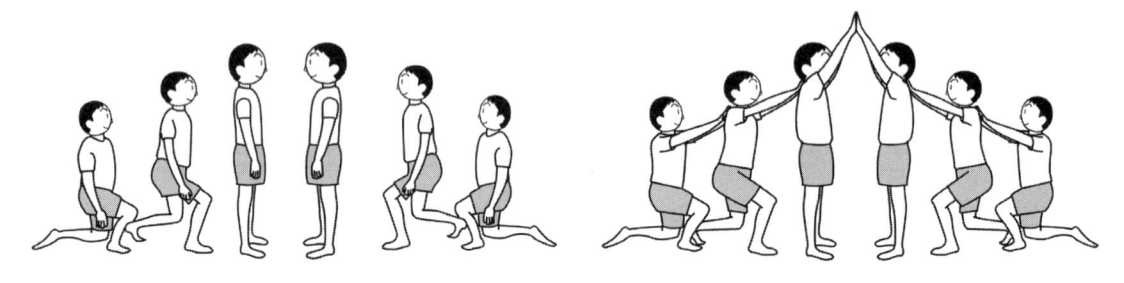

肩に手をかけられるくらいの間隔で並ぶ。

腕がなめらかな曲線になるようにする。

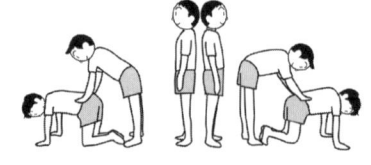

● 跳開橋

中央の2人は背中がつくくらい，そこから端へそれぞれ腰に手をかけられるくらいの間隔で並ぶ。

中央の2人は片膝立ちで上に乗る子どもの膝あたりを持ち抱える。

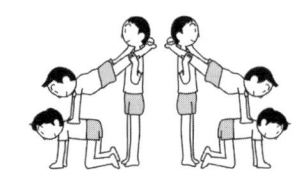

全員顔を上げる。

◉ 万華鏡

6人が足をそろえて長座してから後ろへ倒れる。

1人おきに足をそろえて頭の上へ。

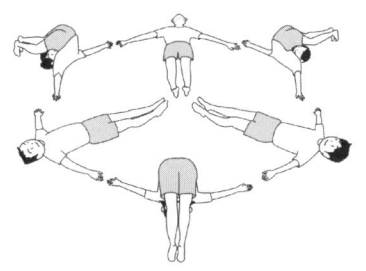

もう一方の3人が足を上げ，上げていた3人は元に戻す。

◉ 6人扇

両端の子どもは片足を中央に寄せて用意。

両端の子どもは中央に足を寄せる。体格に合わせて腕握りもしくは手首握りをする。

◉ 時計台

両端の子どもが足を内側の子どもの背中に乗せる。

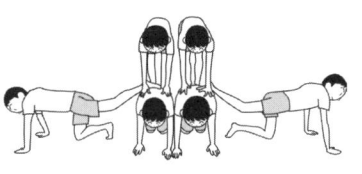

中央の子どもが内側の子どもの腰の上に立つ。

全員顔を正面に向ける。

◉ 大倒立

土台の子どもは膝と足が重なるくらいの間隔で土台を作る。

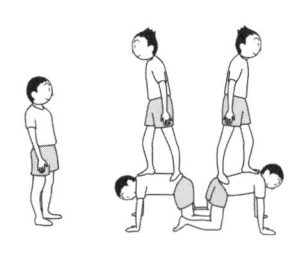

上の子どもは，足を前後に開いて倒立を受け取りやすい姿勢になる。

倒立の子どもの顔が下を見ないよう顔を正面に向ける。

第2章 「組体操」の技　全部紹介！

6人技

◉ ベイブリッジ

上に乗る子どもは土台の子どもの肩甲骨と腰に足を乗せる。

両端の子どもは土台の子どもの足をまたいで手をつき，補助倒立をする。

顔を正面に向ける。

◉ 大阪城

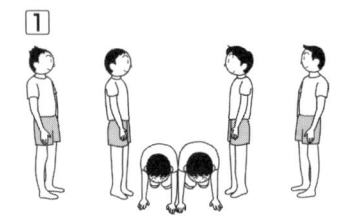

1 土台の子どもは肩幅に手を広げる。

2 上の子どもの頭が当たらないように少しずらして手をつく。

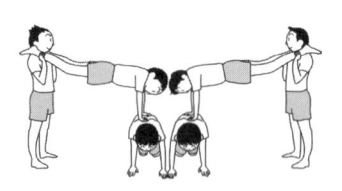

3 足首のあたりを持って立つ。

4 足をななめ上方向に持ち上げる。

◉ 門

1 土台の子どもは片膝立ちの状態で用意する。

2 土台の子どもの肩の真上に上の子どもの肩がくるように担ぐ。

3 土台の子ども2人は呼吸を合わせて，一斉に立ち上がる。

4 上の子どもを中央へ押すように上げる。

◎ 大展望台

1 土台の子どもの腰に手を置き，足は肩幅に開く。

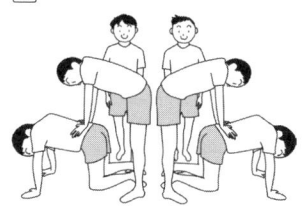

2 １段目に足をかけてのぼる。

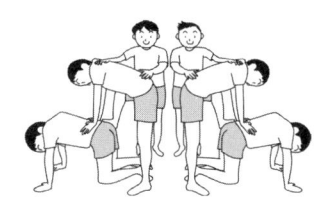

3 同時に乗らず，１人ずつ順に乗る。

4 全員顔を正面へ向ける。

6人技

◎ 朝顔

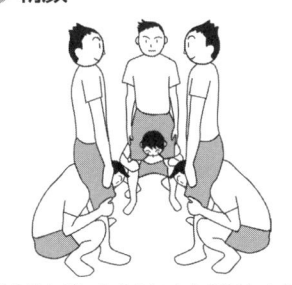

隣の組とぶつからないよう間隔を十分に取る。

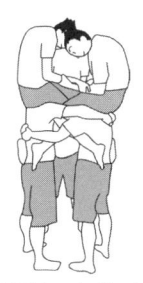

上の子どもは手をつなぎ，土台の子どもは肩を組む。

足を背中にロックしたまま体を反らして開く。

◎ 泉州玉ねぎ

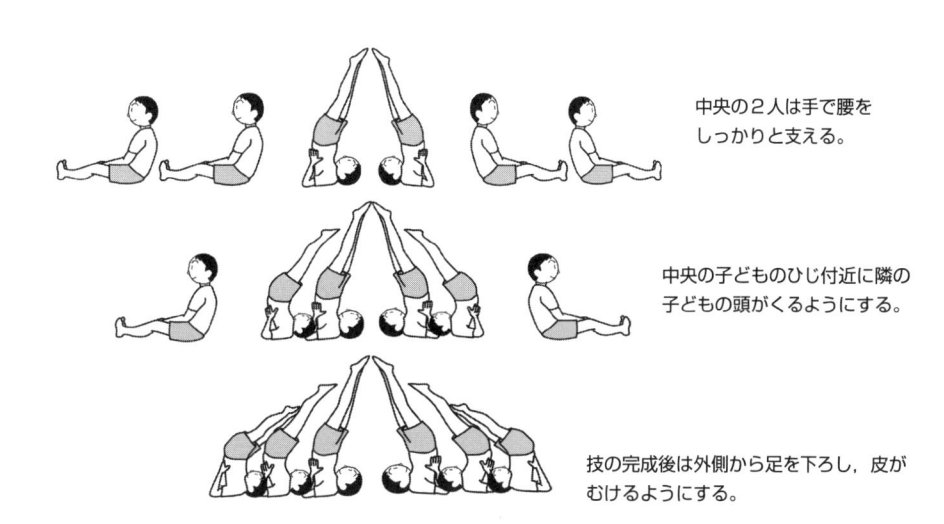

中央の２人は手で腰をしっかりと支える。

中央の子どものひじ付近に隣の子どもの頭がくるようにする。

技の完成後は外側から足を下ろし，皮がむけるようにする。

第２章 「組体操」の技 全部紹介！ 51

7人技

◯ ミニタワーDX

① ②  ③ 完成！

指導ステップ
① 子ども4人は，土台を作った状態でスタート（土台の子どもの足は交互に組む）。
② ミニタワーの土台の子どもがしゃがんでから，上の子どもが乗る（上の子どもは下の子どもの頭や肩を持つ）。
③ ミニタワーの土台の子どもが立ってから，上の子どもがゆっくり立つ。

👑 成功に導く言葉かけ

②③でぐらつく…
　土台の子どもへ「土台の子どもたちは隣の子と肩，腰をくっつけ，しっかり体を寄せて安定した土台を作ろう！」「足の組み方を確かめてみよう！」
　　　　「土台どうしの間隔を調整してみよう！」
　ミニタワー土台の子どもへ「一番下の土台の子の腰に足を乗せてみよう！」
　　　　「立つときは『せーの』のかけ声で」

◯ 名古屋城

① ②  ③ 完成！

指導ステップ
① 天守閣の2人は片膝を曲げ前を向く。左右の二人組は中央と間隔を開けすぎない様に。
② 天守閣の真ん中は片足ずつ乗せる。肩に手を置き，状態を安定させる。左右のしゃちほこは土台を作る。
③ しゃちほこと天守閣の完成のタイミングを合わせ，天守閣は全員，顔を正面向ける。

👑 成功に導く言葉かけ

天守閣が安定しない…
　天守閣の左右の子どもへ「真ん中の子が乗りやすいように左右の間隔を確認しよう！」
　　　　「真ん中の子の膝を抱え込むようにしてしっかり持とう！」
しゃちほこが安定しない…
　しゃちほこの上の子どもへ「土台の子のおなかを抱え込むようにしてしっかり持とう！」

◎ 扇DX

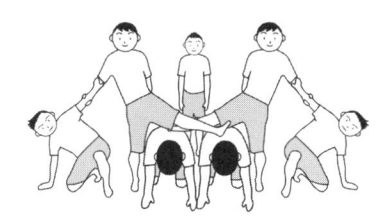

内側の子どもは，土台の子どもの背中に足を乗せる（足をクロスさせる）。扇の5人は手首を握り合う。

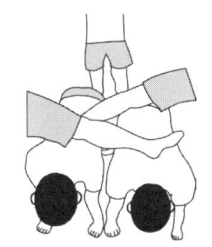

足のクロスは肩の上辺りになるように。

腕を伸ばして引き合う。内側の子どもが腕を握る位置を調整。

◎ スケートボード

内側の子どもは左右の手を土台の子どもの背中，肩甲骨に置く。

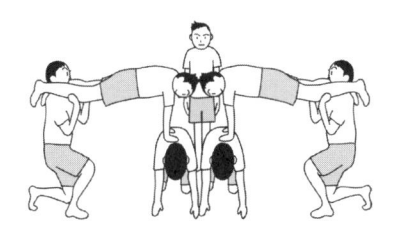

中央の子どもは土台の子どもの腰に乗り，両端の子どもは膝を持ち準備する。

両端の子どもはカウントを取りながら「せーの」で一気に立ち上がって持ち上げ，中央の子どもが腕を横にする。

◎ V字飛行

対称に見えるように両端と左右の子どもの身長はペアでそろえる。それぞれの間隔は片腕を伸ばした程度。

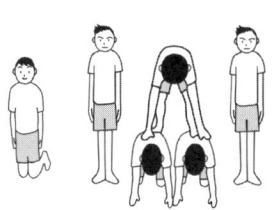

中央の子どもは土台の子どもの腰に乗り，両端は膝立ちになって，全員背筋を伸ばす。

顔を正面に向け，腕を水平に伸ばす。

◎ ふんすい

土台の子どもは間隔を開けないように。2段目は土台の子どもの足をまたぐようにして立ち，肩に手を置く。

上の子どもは土台の子どもに足を掛けながら上がる。

両端の子どもは両腕を後ろに，のけぞる。上の子どもは腕を水平に伸ばす。

7人技

8人技

● 花

指導ステップ

1. 土台の4人の子どもは肩を組み合ってできるだけ小さい輪を作る。上の4人の子どもは隣の子どもの手首を握り合う。

2. 「せーの」のかけ声でゆっくり立ち上がる。立ち上がったら、上の子どもは土台の子どもの背中に足の甲をつけて固定する。

3. 上の子どもは頭を真ん中でつき合わす。「1234…」とカウントをとりながらゆっくり開いたり、閉じたりする。

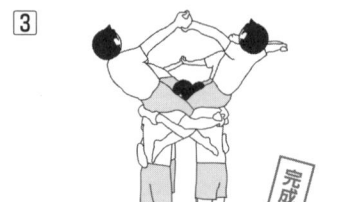

完成！

👑 成功に導く言葉かけ

②③でぐらつくとき…
　土台の子どもへ「『せーの』のかけ声に合わせて、ゆっくり立ち上がろう」
　　　　　　　　「手は隣の子の肩をつかんだり、向かいの子の手首を握ったりして輪を固定しよう」
　上の子どもへ「輪を大きくしすぎないように、手首からひじにかけて握る位置を調整してみよう」
※より魅せるために、下の子どもを回転させてみましょう。その際「1, 2, 1, 2…」「左, 右…」などタイミングを計りながら片足ずつ動かしていきます。

● ラージヒル

指導ステップ

1. 土台の子ども4人は四つん這いの状態でスタート。土台の左側2人は前の子どものおしりに頭が当たるくらい間隔をつめる。

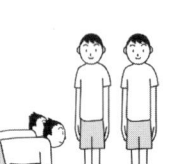

2. すべり台は肩に足を乗せ準備する。支える子どもは膝下あたりを持っておく。

3. 支える子どもはカウントを取りながら、「せーの」のかけ声で一気に腕を伸ばす（すべり台左の子どもは顔と体をまっすぐ）。

完成！

👑 成功に導く言葉かけ

すべり台がぐらつく…
　支える子どもに「膝から太ももあたりを持って上げてみよう」
形が整わない…
　すべり台右の子どもに「手をつく位置をもっと土台に近づけよう」「高く上げすぎないようにしよう」
※すべり台左の子の身長を高くすると、よりきれいに見えます。

○ トンネル

中央の肩車はしゃがんだ状態。肩車と土台の間隔は人ひとり分程度あける。

肩車の下の子どもは上の子どもの太ももに腕を回し，固定。中央の肩車は立ち上がる。土台に乗る子どもは土台の子どもの腰の部分に足を乗せて立つ。

上の3人が手を合わせ，全員正面を向く。

8人技

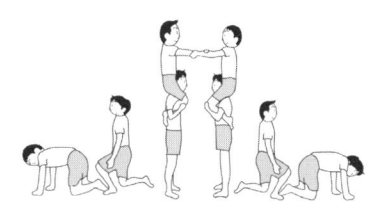

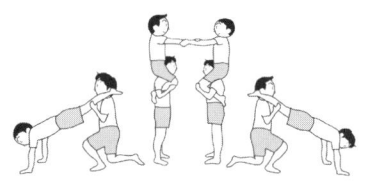

○ 富士山

肩車の下の子どもは上の子どもの太ももに腕を回し，固定してからゆっくり立つ。左右の子どもは片膝立ちと地面に手をつけ，すべり台の準備をする。

すべり台を支える子どもは，膝下あたりを持ち，準備をする。

決めのタイミングで，上の2人は手を広げる。すべり台は腕を伸ばす。

○ カルデラ

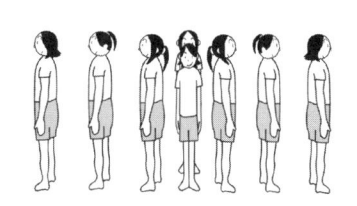

両端には身長の高い子どもを並べる。両端，左右，内側の子どもの身長をそろえる。外側の子どもの間隔は片腕を伸ばした程度。

内側と中央の前の子ども3人が正座。左右の子どもは膝立ち。

両手は，中央の2人は手のひらを見せるように伸ばす。両端の子どもは斜め45°，左右と内側の子どもは前の人の首に向けて伸ばす。

第2章 「組体操」の技 全部紹介！

9人技

● 天空の城

1
指導ステップ 1段目が外側を向いて四つん這いになる。おしり同士がつくくらいにひっつくようにする。

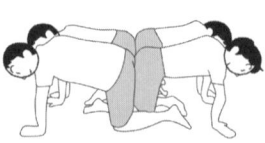

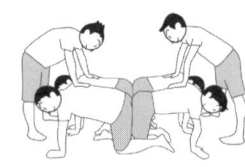

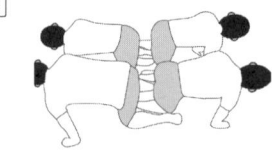

2
1段目の足は互い違いになるように。おなかを突き出し胸を張り、背中を床と平行にする。

3
2段目は、1段目の肩甲骨と肩甲骨の間に手をつく。膝を伸ばし背中をまっすぐにする。

4 
3段目は1段目の腰骨に足を置き、2段目と同じ姿勢で乗り2段目の肩甲骨に手を置く。

5 
4段目は、1段目に足をかけた後、3段目の上に乗る。

6 完成！
4段目は3段目の腰骨の上に立つ。1〜4段目は顔をあげ、4段目がキメのポーズをする。

👑 成功に導く言葉かけ

5で4段目が上手く乗ることができない…
　3段目の子どもに「一方が少ししゃがんで、乗りやすくしてあげよう」
　4段目の子どもに「跳び箱の閉脚跳びのように、ジャンプして跳びのろう」

● 山

1 
2段目同士の背中がひっつく位置を取り、足を前後に開く。2段目が四つん這いになった1段目の肩甲骨に手をおく。

2 
3段目が2段目の肩に手を置き、跳び箱の閉脚跳びの要領で2段目の肩に跳びのる。

3 
倒立補助者が足を前後に開き、1段目の腰と肩甲骨に乗る。倒立者は両手を上げて倒立の準備をする。

4 
2段目は倒立補助者の腰を支え、倒立者が倒立する。3段目がゆっくりと立ち、キメのポーズをする。

◯ ジェミニ

①

中央の1段目が四つん這いになり2段目の2人が1段目の肩と腰に手を置く。
2段目同士のおしりがひっつくよう位置取りする。

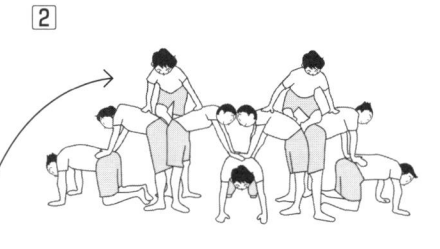

②

3段目が1段目のおしりを踏み台にして，2段目の腰の上に膝で乗る。

指導ステップ：3段目は中央の1段目のおしりに内側の足を置き，手を2段目の背中に置き準備をしておく。

③

3段目は2段目の上にゆっくりと立つ。

④ 完成！

3段目がキメのポーズをする。そのとき同時に1，2段目は顔を上げる。

成功に導く言葉かけ

②で3段目が2段目の上に上手く乗ることができない…
　2段目，3段目の子どもに「外側の2段目が少し腰を下げて，3段目が乗りやすくしてあげよう」
④でキメのとき，3段目がふらつく…
　2段目の子どもに「2段目が後ろの2段目とおしりをひっつけて，膝を伸ばして固定しよう」

◯ 9人炎

3人ずつ3列にならび，気をつけの姿勢で待機する。

後列は直立，中列は膝立ち，前列は正座になる。

一斉に図のように両手を広げる。このとき，後列・中列の外側は体を外側に開くと広がりが出る。後列・中列中央は少し上を向くと上下の広がりが出る。

第2章　「組体操」の技　全部紹介！

10人技

● 3段タワー

※この技は難易度が高く危険性があるため，2段目・3段目（①〜⑤），1段目・2段目（⑥〜⑨）の練習をした後，1段目・2段目・3段目を組んでいきます（⑩〜⑪）。
※必ず大人が補助をする必要があります（補助は，3段目の子どもが後ろに落ちたときに後頭部を支えられる位置）。

① 2段目の3人が，手と手を組み合わせるように組む。首の付け根に上段が乗るのであけておき，下を向く。3段目の足が乗らない子どもの腕が，下になるように組む（図の一番手前の子ども）。

② 3段目が，2段目の首の付け根に足をかけて乗る。

③ 3段目は2段目の腕を持ち，落ちないようバランスをとる。

④ 2段目が「いっせーのーで」と声をかけ，「12345678」とペースを合わせてゆっくりと立つ。

⑤ 2段目が立ったら，3段目がゆっくりとバランスをとりながら立ち，キメのポーズをする。崩すときも④の要領でペースを合わせる。

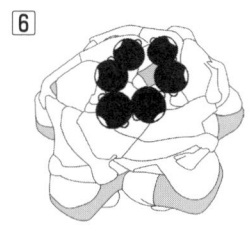

⑥ 1段目の6人が組む。腕と腕を組み合い，ロックする。

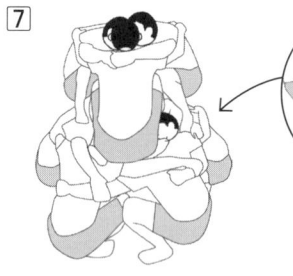

⑦ 2段目が，3段目の首の付け根に土踏まずがくるように乗り，手を組む

⑧ 3段目が「いっせーのーで」と声をかけ，「12345678」とペースを合わせてゆっくりと立つ

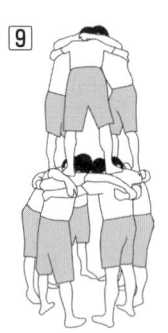

⑨ 2段目も⑧と同じように，ペースを合わせてゆっくりと立つ。

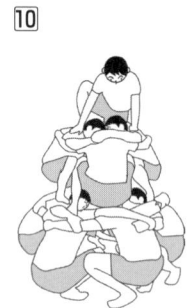

⑩ ⑥⑦の要領で1・2段目が組んだ後，②の要領で3段目が2段目の上に乗る。

⑪ ⑧⑨の要領で，1段目，2段目がゆっくりと立った後，⑤の要領で3段目がゆっくりとバランスをとりながら立つ。

完成！

👑 成功に導く言葉かけ

⑪で1段目・2段目の腰が折れてしまい高さが出ない…
　1段目，2段目の子どもに「腰を伸ばし，首だけをまげて下を見るようにしよう」
⑪で2段目が立てない…
　2段目の子どもに「3段目の足が乗らない子が，隣の子の腕を下から支え上げるようにして立とう」

10人技

● やぐら

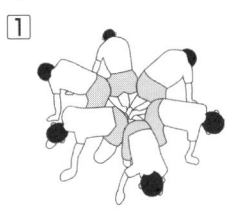

1 1段目の6人が、外側を向いて四つん這いになる。このとき、できるだけ隣との間隔を近づける。背中の角度を床と平行にする。

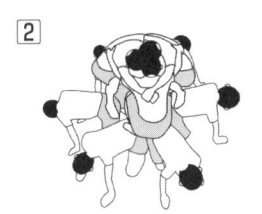

2 2段目の3人が、1段目の腰骨の上に乗り、しゃがんだまま手と手を組み合う。首の付け根をあげ下を向く。

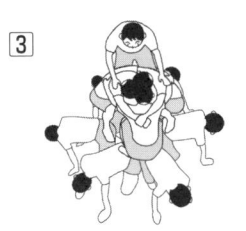

3 3段目が、1段目に足をかけて2段目の上に乗っていく。

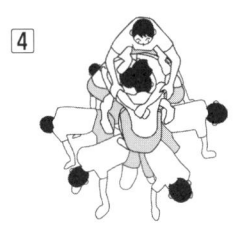

4 3段目が、2段目の首の付け根に土踏まずがくるように乗り、2段目の腕を持ってバランスをとる。

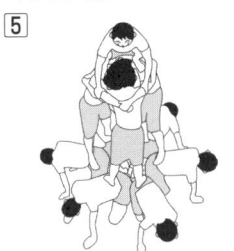

5 2段目が「いっせーのーで」と声をかけ、「12345678」とペースを合わせてゆっくりと立つ。

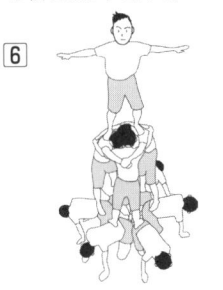

6 2段目が立ったら、3段目がゆっくりとバランスをとりながら立つ。

崩し方
3段目がゆっくりとしゃがむ。しゃがみきったら、2段目に腕をたたく等、合図を送る。

2段目がしゃがみきったら、3段目が1段目に足をかけておりていく。2段目がおりて崩し完了。

● ジェットコースター

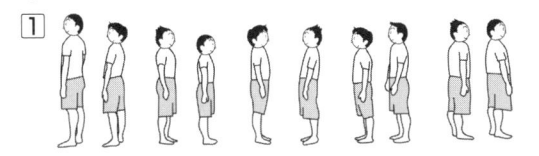

1 外側の2人は外側を向き、内側の3人は内側を向き準備をする。

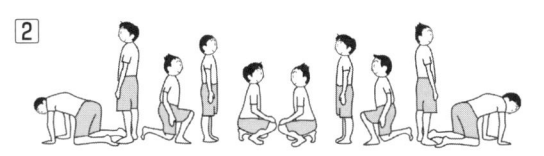

2 両端の2人は四つん這いになり、外側から3人目、5人目は膝立ちでしゃがむ。

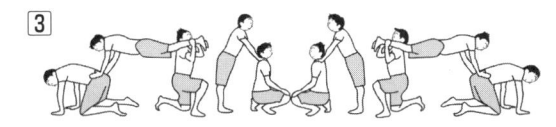

3 外側から2人目は四つん這いの子の腰に両手を置き、外側から3人目の肩に足をのせる。外側から4人目は、前の人の肩に両手を置く。

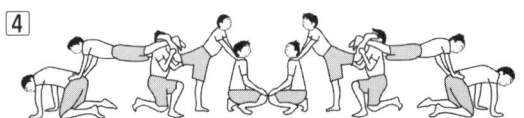

4 外側から4人目は外側から3人目の肩に片方の足をかける。

5 外側から3人目と5人目は、「せーの、12345678」と声をかけ、ペースを合わせて、ゆっくりと立つ。

6 外側から3人目は4人目の膝を持ち、上にあげる。キメの合図で、全員が顔を正面に向ける。
※崩すときは、組んだときと逆の手順でゆっくりと崩すようにする。

第2章 「組体操」の技 全部紹介！

10人ピラミッド

①1段目
1段目の4人が四つん這いになる。脇・膝・足の付け根が直角になるようにし、背中を地面と平行にする。ひじは前に絞りロックする。

②2段目
2段目の3人が、1段目の肩甲骨に手を、腰骨に膝を置き、1段目の上に乗る。①と同じ点に留意する。

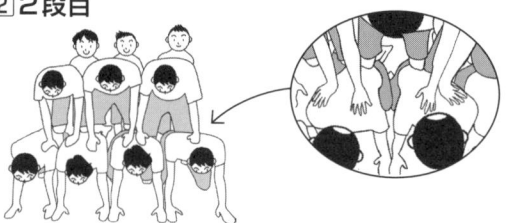

③3段目-1
3段目の2人が、1段目の腰に足をかけ、横からのぼっていく。

④3段目-2
3段目が、2段目の肩甲骨に手を置き、2段目の上に乗る。

⑤3段目-2
3段目が、2段目の肩甲骨に手を、腰骨に膝を置き、2段目の上に乗る。①と同じ点に留意する。

⑥4段目-1
4段目が、1段目の腰に足をかけ、横からのぼっていく。

⑦4段目-2
4段目が、1段目の腰、2段目の腰と順に足をかけ、3段目の肩甲骨に手を置き、3段目の上に乗る。

⑧キメ
完成！
4段目が、2段目の肩甲骨に手を、腰骨に膝を置き、2段目の上に乗る。
4段目がのぼりきったら、全員が顔を正面に向ける。

⑨崩し
笛の合図、音楽のカウント等で、全員が一斉に腕と脚を投げ出して、崩す。
全員が同じタイミングで崩さないと、膝が背中に刺さる等の危険があるので留意する。

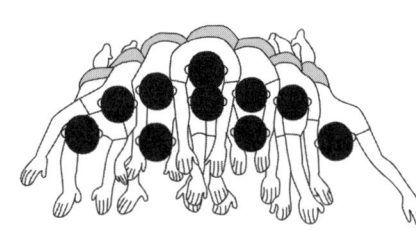

👑 成功に導く言葉かけ

土台が安定せず、崩れてしまう…
　土台の子どもに「ピラミッドの内側に力をかけるようにして、ひじをしっかり伸ばしてロックしよう」
　　　　　　　「四つん這いのまま少しおなかを突き出して胸をはり、背中が地面と平行になるようにしよう」
崩すタイミングがずれる…
　全員に「組んでいない状態で、全員が四つん這いになり、笛の合図、音楽のカウント等で一斉に腕と脚を投げ出す練習をしよう」
　　　　「合図に合わせて、思い切って腕と脚を投げ出し、『シュワッチ』の姿勢になろう」
※どうしてもうまく組めない場合は、後ろから補助者が支え、崩れないようにします。その際、ピラミッドの内側に力がかかるように2人で支えましょう。

● 斜塔

1段目が隣と肩をつけるように密着して四つん這いになる。
2段目は1段目の腰に手を置き、腰から折り背中をまっすぐにする。

3段目が1段目の肩甲骨に足を置くように乗り、2段目の肩甲骨に手を乗せる。腰から折り背中をまっすぐにする。

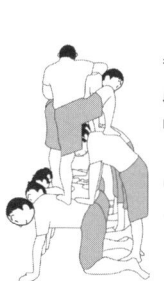

4段目が、1段目の背中、2段目の背中と、順に足をかけてのぼる。

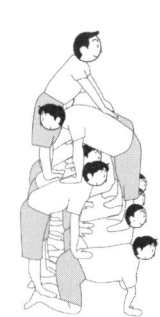

4段目が2段目の背中にのったら、3段目の背中に手をのせる。キメの合図で全員が顔を正面に向ける。

10人技

● ピサの斜塔

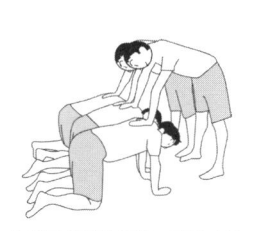

1 1段目が隣と肩をつけるように密着して、四つん這いになる 2段目は1段目の肩甲骨に手を置く。

2 3段目が1段目の腰に足を置いて乗り、2段目の肩甲骨に手を置く。

3 4段目が、1段目の背中、2段目の背中と順に足をかけてのぼる。

4 4段目が2段目の背中にのったら、3段目の背中に手を乗せる。

5 5段目が1段目の背中に足をかけ、2段目の肩に手をおいてのぼっていく。

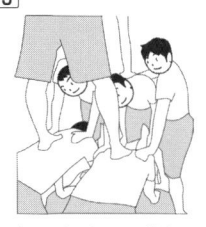

6 5段目が2段目の背中に足をかけ、3段目の背中に足を乗せてのぼっていく。

7 5段目が3段目の背中に乗ったら、4段目の肩甲骨に手をおく。

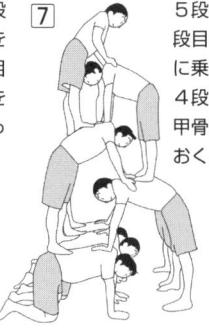

8 5段目は6段目がのぼりやすいよう3段目の片方をあける。
6段目が1段目の背中、2段目の背中と順に足をかけてのぼっていく。

9 6段目が2段目の背中、3段目の背中に順に足をかけてのぼっていく。

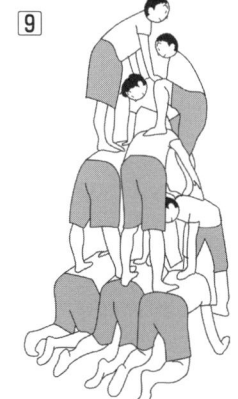

10 6段目が4段目の背中にのったら、5段目は足をもとの位置にもどす。6段目は5段目の肩に手を置く。

11 6段目が4段目の腰に乗り、ゆっくりとキメのポーズをする。それと同時に全員が顔を正面に向ける。

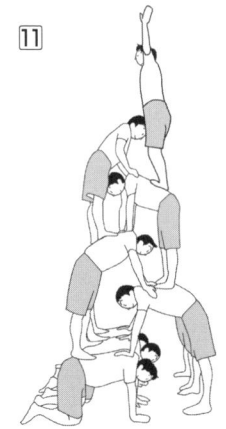

第2章 「組体操」の技 全部紹介！

10人技

● レインボーブリッジ

1 外側から3人目が膝立ち，5人目は四つん這いになる。
それ以外は，内側を向いて気をつけをする。

2 外側から2人目が，前の子どもの肩に両手を置き，後ろの子どもの肩に片足をかける。
外側から4人目が，前の子どもの腰に両手を置き，後ろの子どもの肩に片足をかける。

3 外側から2人目と，外側から4人目は，もう一方の足を後ろの人の肩にかける。

4 両端の2人が，外側から2人目の膝に手を添え，ゆっくりと立つ。

5 両端，外側から3人目が肩にかかっている両足の膝をななめ上に押し出すように上げる。
キメの合図で，全員が顔を正面に向ける。
崩すときは，組んだ順と逆の順序でゆっくりと崩していく。

● グレートブリッジ

中央の2人は肩車の2人，外側から3人目の2人は土台になる人と上に乗る人が前後にならぶようにする。

中央の2人が肩車をする。
外側から3人目の前の人は四つん這いになり，その腰に後ろの子どもが乗る。
一番外側はトンボの準備をする。

キメの合図で，一番外側はトンボ，外側から2番目と3番目上は両腕を斜めにのばす。
中央の肩車の上は両手を上にあげる。
キメの合図で，それぞれの手のひら同士をひっつけ，全員が顔を上げる。
崩すときは，組んだときと逆の順序でゆっくり崩す。

◉ 大屋根

1

外側から4人目は四つん這いになる。
外側から1～3人目は内側を向き，中央の2人は前を向いて，気をつけをする。

2

左から3人目は土台に内側を向いてのり，中央の2人の補助準備をする。
中央の前の子どもと後ろの子どもで，前後の状態のまま手を握り合う。
中央後ろの子どもは四つん這いの子どもの腰に左足をかけ，上に乗る準備をする。
前に落ちないよう補助者が前方で準備する。

3

中央後ろの子どもは，右足を中央前の子どもの肩にかける。
右から2人目の子どもは，中央後ろの子どもの腰を支え補助する。

4

「せーの」の声かけで，中央後ろの子どもは中央前の子どもの肩にかけた右足に体重移動をしながら，中央前の子どもの肩に乗る。このとき，中央前の子どもはタイミングを合わせてつないだ手を上方に引き上げる。
前に落ちないよう補助者が前方で準備する。

5

中央後ろの子どもが，中央前の子どもの肩に乗ったら，右から2人目の人は土台の上に乗る。
中央上の子どもは，片方ずつ手をはなす。
中央前の子どもは，安定するために足を肩幅よりやや広く広げ，上の子どものアキレス腱あたりを持つ。

6

中央後ろの子どもはゆっくりと立ちあがり，四つん這いの上の子どもに両サイドから腰を支えてもらう。
一番外側の子どもは片足膝立てになる。
キメの合図で，外側から1人目，2人目は前の子どもの肩に両手をおき，中央子どもの人は横に手を広げる。四つん這いの子どもは顔を上げる。

第2章 「組体操」の技 全部紹介！ 63

多人数技

ウェーブ

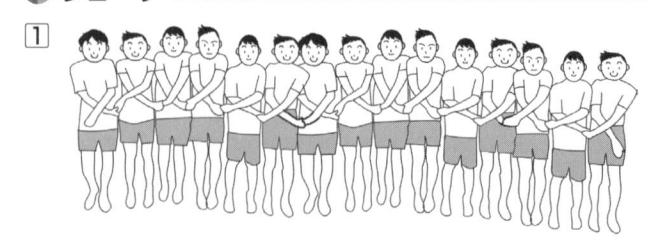

1

おなかの前で手を交差させる（握手にぎりにし，左右どちらかに決める）。

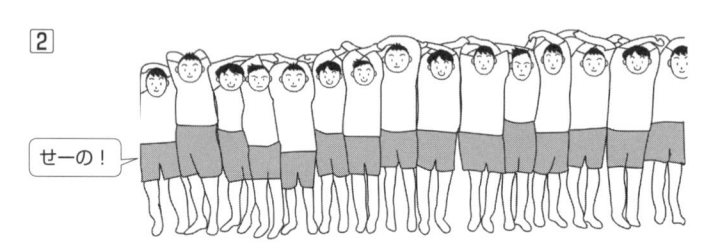

2

せーの！

「せーの」の合図で一斉に手を頭の後ろまで上げる。
上げたときに隣と脇をつける。

3

起点から順番に体を倒していく。
波の進行方向へ体をねじる様にして体を倒す。
曲のカウントに合わせて，「1234」で下ろす，「5678」で上げる，を繰り返す。

小ウェーブ

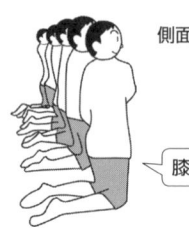

側面から

膝を立てる

成功に導く言葉かけ

2でウェーブの上下運動が小さい…
　「背筋を伸ばし，腰から上半身を動かそう！」（手から動き出さず，手を頭の後ろで固定し続ける言葉かけなど）
　「上半身が起き上がったときは，正面を見るようにしよう！」（具体的にどこまで体を起こせばよいかがわかる言葉かけなど）
3でウェーブの上下運動が小さい…
　「かかととおしりがくっつかない様にしよう」（上体を起こすため）
2，3で子どもの上下運動の速さに差がある…
　「遅くなったり，速くなったりしないように，カウントを取ろう！」（ウェーブを一定にする言葉かけなど）
※練習の段階では，全員で同時に上下運動をしましょう。
　ウェーブをきれいに見せるためには，ずっと動かし続けることが大切です。

● ドミノ

① ドミノ（順番に倒れていく技）

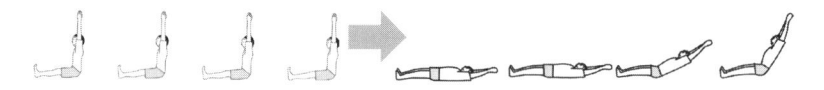

指導ステップ
足を伸ばした状態で順番に並ぶ。
手をあげた状態で自分の番が来るまで待っておく。
起点から順番に体を倒していく。

👑 成功に導く言葉かけ

きれいに人が倒れていかない…
　「カウントを聞いて自分の倒れるタイミングを覚えよう」「倒れたときに空を見るようにしよう」
　※8拍の、「1234」で倒れ、「5678」で起き上がります。カウント中はずっと動き続けることできれいに見えます。
　体の密着がないため、子ども一人一人の倒れるタイミングがポイントになります。

② 密着ドミノ（順番に倒れたり起き上がったりする技）

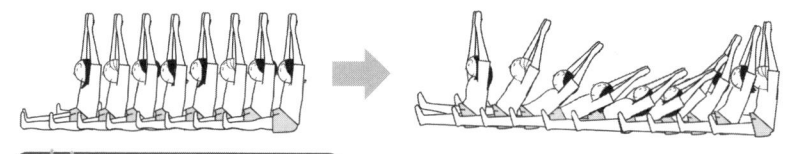

前の人の体を足ではさむようにして座る。
手をあげた状態で自分の番が来るまで待っておく。
起点から順番に体を倒したり、起こしたりする。

👑 成功に導く言葉かけ

倒れたときにきれいに見えない…
　「手で後ろの人をさわろう！」（体をできるだけ寝かすことで技の動きが大きく見える）
きれいに起き上がらない…
　「8拍の『5678』でゆっくり起き上がろう」（体の密着があるので、均一に起き上がる様な指導）
　「カウント中はずっと動き続けるときれいに見えるよ！」
※常に、伸ばした手がこめかみに密着しているときれいに見えます。
※①、②は類似した技です。①は準備にあまり時間がかからず、倒れるのみの動きです。②は準備に少し時間がかかりますが、起きたり、倒れたりと動きのある技です。①、②とも、倒れたり起き上がったりするスピードを均一に近づけることが大切です。速度はゆっくりの方が合わせやすくきれいに見えます。

● 千手観音

① 一勢出し　　　② 片手出し　　　③ 回転

回転側面から

指導ステップ
一人ずつ手を出す角度を決める。
一勢に手を出す。
カウントに合わせて上や下から順番に手を出す。

①と同じ。
右手だけ、左手だけのようにアレンジできる。

一番前以外が、おなかの前で合掌する。（手のひらをつけたまま）一勢に手を上にあげる。
前から順番に手を回転させながら下ろしていく。

①②③ともに前の人との距離をできるだけつめる。

👑 成功に導く言葉かけ

①、②で前から見たときに、手の出る軌道がそろわない…
　「準備の体勢をそろえよう！」（手のひらを腰にあてて、ひじが後ろに向くようにする。手の出し方を統一する言葉かけ）
③で回転がきれいに見えない…
　「頭の上で手を強く引く様にしよう」（手首を返して手のひらが地面に向くようにするなど、手の動きを統一させる言葉かけ）

第2章　「組体操」の技　全部紹介！

多人数技

● はばたき

1

2

指導ステップ
起点から順番にひじを伸ばして両手をあげていく。
両手をあげたら，体を反転させて順番に倒れていく。

👑 成功に導く言葉かけ

動きが小さい…
「手をあげるときは，背伸びをしよう！」「手をあげたときは，一度動きをとめよう！」
※上下の高低差があるほど，技が大きく見えます。手を動かす流れのまま倒れるより，一度伸びきった状態から倒れると，技にメリハリがつきます。

● ブリッジ

1

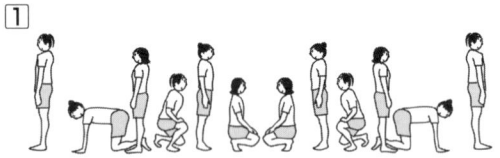

指導ステップ
端から1，3人目は外側を向いて気をつけ。
端から2人目は四つん這い。
端から4，6人目は内側を向き片膝立ちで座る。
端から5人目は内側を向いて気をつけ。

2

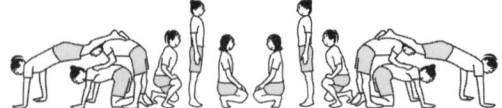

端から3人目が2人目の肩甲骨に手を置く。
端から3人目が手を置いたら，両端は3人目の肩に足を乗せる。

3

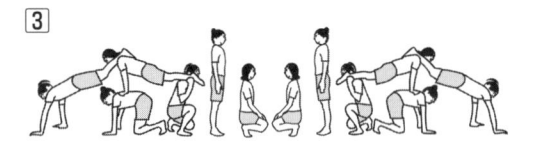

端から3人目が4人目の肩に両足を乗せる。
端から5人目は手を6人目の肩に手を乗せ，3人目が両足を乗せてから，4人目の肩に片足だけ乗せる。

4

端から4人目が，5人目の膝をにぎって立つ。
端から6人目は，相手の肩を持つ。
端から4人目と同時に6人目も立つ。

5 　完成！

端から4人目が，膝を頭上に持ち上げる。
端から5人目が顔を正面に向ける。

👑 成功に導く言葉かけ

両端の3人が立たない…
「1番端が足を肩に掛けるとき，端から3人目の人は腕を曲げて姿勢を低くしよう」
スムーズに立たない…
「息を合わせて同時に立ち上がろう！」

● 台形

1
中央で肩車をする子どもが正面を向く。

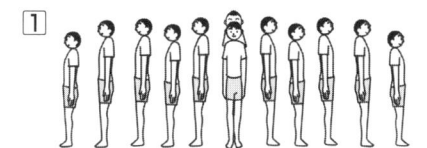

2 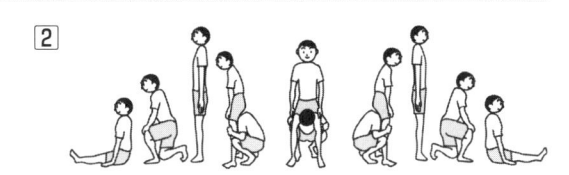
両端が長座で座る。
端から2人目が膝をつく。
端から4，5人目と正面が肩車の準備をする。

3 
両端は，両腕を地面と平行にする。
正面は，肩車をして両腕を地面と平行にする。

> **成功に導く言葉かけ**
> 技がきれいに見えない…
> 「手のひらを下に向けよう！」
> 「手を前の人の顔の横に持ってこよう！」
> （手の角度がきれいにそろうような言葉かけなど）

● 22人タワー

1 2段目（6人）
2段目が外側を向いて密着した円になる。
正面を向く子どもを2人決めておく。

2 1段目（12人） 
1段目が外側を向いて四つん這いになる。
2段目が1段目の腰骨の上に乗る。

3 3，4段目（3人，1人） 
3段目が2段目の腰骨の上にのる。
腕を組んでしゃがむ（腕の組み方を事前に確認しておく）。
3段目の上に4段目が乗る。

4 3段目立つ 
4段目が3段目の首の付け根に乗る。
3，4段目が順番に立っていく。

5 完成！

> **成功に導く言葉かけ**
> 土台が安定しない…
> 　1段目の子どもに「おなかに力を入れよう」（背中をそりすぎないため）
> 　2段目の子どもに「おなかと地面を平行に近づけよう」（背中が斜めになっていると，3段目の子どもの足が滑ってしまう）

安全面のポイント　4段目の背中側には必ず指導者の補助を入れましょう。

● 立体ピラミッド

①1.5段目（4人）

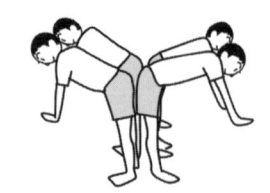

1.5段目がおしりを付けて中腰になる。

②1段目（6人）

1段目が，1.5段目の前に並んで四つん這いになる。

③2.5段目（4人）

2.5段目が1段目に乗る。足は，1段目の肩甲骨の上，手は，1.5段目の肩甲骨の上に置く。

③3.5段目（2人）

3.5段目が1.5段目に乗る。足は，1.5段目の腰骨の上，手は，2.5段目の肩甲骨の上に置く。

④4段目

4段目が2.5段目の腰骨の上に乗る。

⑥

完成！

👑 成功に導く言葉かけ

3.5段目がのぼれない…
　3.5段目の子どもに「どこからのぼるか，確認しよう！」
　2.5段目の子どもに「手を少しどけて，足場を確保してあげよう」

4段目がのぼれない…
　2.5段目の子どもに「少しかがもう！」
　（4段目がのぼりやすいように手をかける場所を確認しておく）

※3.5，4段目の子どもがのぼるときは，2.5段目の子どもの体を手で引っ張りながらのぼる必要があるので，2.5段目の子どもには，3.5，4段目の子どもがのぼって来る逆の方に体重をかけるよう指示をする。

多人数技

特別技

● 移動ピラミッド

配置

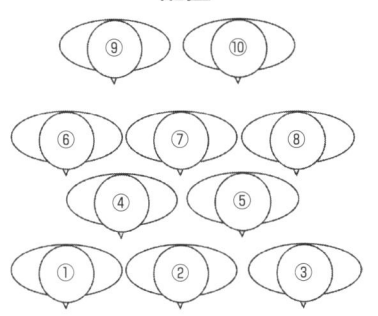

役割

①②③…土台前列
　（横の人と腕を組み，おなかの前で手をロックする）
⑥⑦⑧…土台後列
　（隣との間隔を詰めて，手は前列の肩の横を持つ）
④⑤…2段目
　（手を前列の肩に，膝を後列の肩の上に乗せる）
⑨…3段目
　（手を④⑤の肩に，膝を④⑤の腰骨の上に乗せる）
⑩…補助
　（⑨のバランスをとる補助）

1
側面から

指導ステップ
①②③は隣と腕を組みしゃがむ。
⑥⑦⑧は前列の肩を持ちしゃがむ。

2
④⑤が土台の上に乗る（前列の肩に手を，後列の肩に膝を乗せる）。

3
⑨が④⑤の上に乗る（後列の肩に足をかけて階段を上るようにして乗る）。⑩は⑨のおしりを持ち上げる（バランスを取りやすいような補助）。

4
「せーの！」で①②③⑥⑦⑧がゆっくり立ちあがる。

5
①②③⑥⑦⑧がゆっくり歩く。全員が正面を向く。

全体図

6
完成！
3段目が立ち上がり両手を広げる。

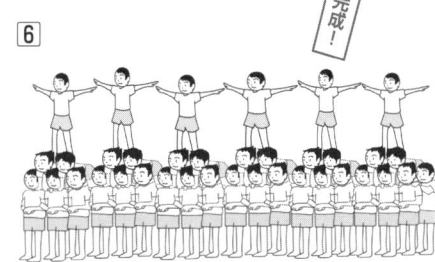

👑 成功に導く言葉かけ

3段目の姿勢が悪くきれいなピラミッドに見えない…
　「3段目はおなかに力をいれよう！」（3段目のおしりをあげるような言葉かけなど）
　「顔を手の位置より前に出そう！」（3段目は膝を置く場所が2段目のおしりだと膝がすべるので，手と膝の間隔を広くする言葉かけなど）
ピラミッドが移動中にゆれて崩れそうになる…
　「歩く人はすり足で歩こう！」（上下運動を少なくする言葉かけなど）
　「歩く人は背筋を伸ばそう！」（上半身が曲がらないような言葉かけなど）

安全面のポイント　はじめのうちは，補助をつけながら1基ごとに練習しましょう。

● 万里の長城

正面から　　　　　　　　　　　側面から

指導ステップ

① 1段目が四つん這いになる。（足の形に注意）

② 2段目が1段目の肩に手を当てて，中腰になる。

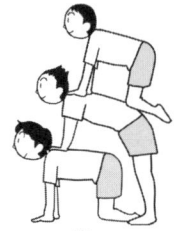

③ 3段目の半分が2段目を階段のように使って乗る。

④ 正面を向く

残った3段目の半分が2段目の背中に跳びのる。
乗る幅が狭いので，体を少し横にして入り，肩の位置を揃える。

⑤ 起点から順番に崩れていく。

崩し方（クイックピラミッド p.47参照）

1段目，膝を支点にしてバンザイをするようにする。※手で体を支えないようにする（ひじが落ちてくる子どもに当たってしまう）。
2段目，手をバンザイにして，前に倒れる。手を1段目の間に伸ばす様にする。
3段目，手をバンザイに，足を後ろに放り出すようにする。その場で下に落ちる様にする。

👑 成功に導く言葉かけ

土台が安定しない…
　1段目の子どもに「隣と支える手をつけよう」
3段目が乗れない…
　2段目の子どもに「少しかがんで低くなり，3段目の子が背中に乗りやすいようにしよう」
（3段目後半の子どもが乗るときは，2段目はかがむことができない）
崩すとき…
　「体を手で支えないようにしよう」（落ちてくる子どもにひじが当たってしまう）
　「自分から崩れるのではなく，流れに身をまかせよう」
※最初から3段を組むのではなく，1，2段目だけで完成，崩す，両方の練習をすると効果的です。
　クイックピラミッドと組み方の原理は同じです。クイックピラミッドは，一気にできるピラミッドを見せる技で，万里の長城は，横長のピラミッドが左右どちらかの起点から崩れていく技です。

特別技

◯ トランポリン

配置

⑥
⑤
③　④
①　②

役割

①②…飛ばし役（手が上），受け止め役
・玉の子どもが乗る足場を作る。
・飛ばし役と息を合わせて玉の子どもを上に飛ばしてから腕を広げて受け止める。
③④…飛ばし役（手が下），受け止め役
・①の腕を下から持ち，①②と息を合わせて玉を上に飛ばす。
・飛ばしたら腕を広げて受け止める。
⑤…玉（①②の腕の上に乗って飛ぶ）
⑥…補助（玉が足場に乗る補助，玉を受け止めるときに脇の下から腕を入れて受け止める）

特別技

指導ステップ

1 ①②の子ども…腰をおとす。右手で自分の腕（手首とひじの中間）をつかみ，左手で正面の子どもの手（手首とひじの中間）をつかむ。

2 ③④の子ども…腰を落として，手のひらを上に向ける。④の手の下に③の手を持ってくる。

3 ①②の手の下に③④が手を持ってくる。

4 玉の子どもは①②が作った足場に片足だけ乗せ，手で①②の肩を持つ。
補助は玉の腰を持つ。
全員でカウント「12345」を数える。
「123」まで片足をかけた状態。

5 カウント「12345」の「4」で，⑤が地面に着いている足を①②の足場まで上げる。⑥は腰をもつ。

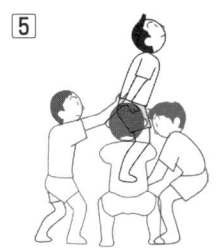

6 カウント「12345」の「5」で，①②③④が⑤を上に飛ばす。
⑥は，⑤が真っ直ぐ飛び上がるように⑤の腰を持ち上げるイメージで飛ばす。
⑤は真っ直ぐ上に飛び上がる。

7 ①②③④⑥は，⑤を飛ばした後すぐに受け止める準備をする。
①②③④は，手のひらを上に向けて腕を前に出す。
⑥は，⑤の脇の下に腕を入れる準備をする。

8 ①②③④は，⑤を腕で受け止める。
⑥は，腕を⑤の脇の下に入れて受け止める。

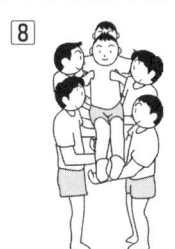

👑 成功に導く言葉かけ

玉が真っ直ぐ上に飛ばない…
「上げ役は膝のバネを使って，腕を曲げずに玉を上に飛ばそう！」
（上げ役が手の力だけで玉を飛ばそうとすると，飛ばす力が均等にならないので玉がバランスをとりづらく真っ直ぐ飛べない）
玉を上手に受け止めることができない…
「玉は飛んだときにおなかを突き出そう！」
（玉が足から落下すると安全に受け止めることができないので，⑤が空中で仰向けに近い姿勢になるような声かけ）

玉の落下中の姿勢

※トランポリンは高さがとても出る技です。必ず指導者の補助を1名以上つけて技に取り組んでみましょう。
指導者は，⑤が落下しても受け止められるように⑤の後ろで補助をします。
※①②③④⑥で何度も飛ばすタイミングを練習してから⑤を乗せましょう。

第2章 「組体操」の技 全部紹介！

● トラストフォール

配置

役割

①補助役
・乗り手が土台にのぼるときに支える。
・起き上るときに前への勢いがつき過ぎた際，受け止める。
②③支え役
・乗り手の足の裏を持って足場をつくる（右図）。
・乗り手がバランスを取りやすいように支える。
④乗り手
・支え役の上で立ち，上げ役に倒れる。
その他…上げ役
・カウントに合わせて乗り手を受け止めたり上げたりする。

足場のつくり方

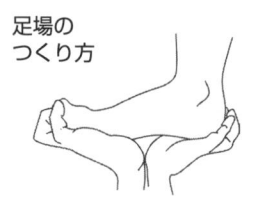

手のひらの付け根をつけて，足の置き場をつくる。
踏ん張れるように，腰を落として足を横に広げる。

特別技

指導ステップ

1  
補助役は，乗り手の肩に手をかざしておく（乗り手が前に落ちてきたときに備える）。
支え役は，乗り手の足を持つ姿勢をとる。
上げ役は，乗り手のおしりを持ち上げる準備をする。
乗り手は，片足を支え役どちらかの太ももに乗せる。手は支え役の肩を持つ。

2 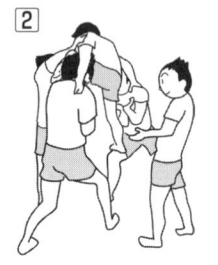
乗り手が，支え役どちらかの太ももを踏み台にして，片方の足を手まであげる（足を持つ子どもは乗り手が足をあげやすいように少し低めの姿勢をとる）。
上げ役は，乗り手のおしりを持ち上げる。

3 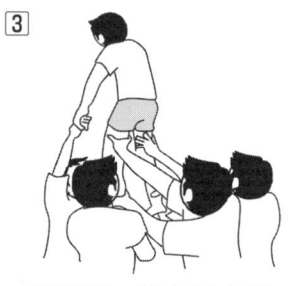
乗り手はゆっくりと立ち上がる。
上げ役は，乗り手の太ももの裏と足首の裏側を持つ（乗り手が後ろに倒れない様に）。
補助役は，乗り手の膝下を持つ。

4 正面から

5 正面から

6 正面から

側面から

カウントを全員で数える。
「123456せーの！バタ！」
（「バタ！」のタイミングで乗り手が倒れる。）

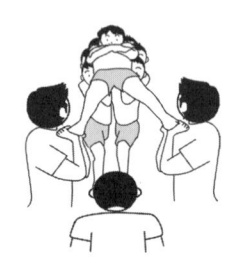

カウントを全員で数える。
「123456せーの！グン！」
（「グン！」のタイミングで上げ役が同時に斜め前へ押し出す。）
カウントに合わせて①②③をくり返す

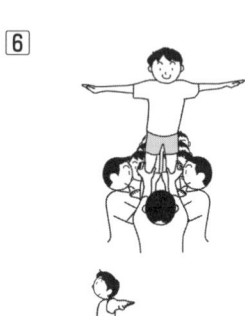

👑 成功に導く言葉かけ

乗り手がおしりから倒れる…
　「体を棒の様にしよう」「おしりに力を入れて倒れよう」
乗り手が上げ役の上まで持ち上がらない…
　「上げ役は脇を締めよう」
技をきれいに見せるために…
・より高い位置から倒れる。
　　土台の手の位置が高いと，起き上がったときにより迫力が出ます。土台の支える力が必要です。
　　乗り手の足場を肩にすると，より高さが出ます。乗り手のバランスが取りにくいです。
・乗り手を地面と平行になるぐらいまで倒す。
　　正面から見て，乗り手が消えたように見えます。上げ役の押し出す力が必要です。

特別技

|安全面のポイント|
※トラストフォールは，必ず指導者の補助を入れましょう。
※上記の動きがスムーズに行えるようにステップ練習を繰り返しましょう。

[技に入る前のステップ練習]

●乗り手の練習（乗り手と補助役4名で行う）

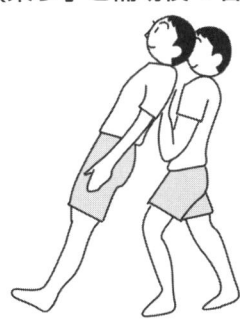

乗り手の前後に補助役を2名ずつ配置する。
乗り手が前に倒れるのを補助役が支える。補助役が後ろにゆっくり押し出す。これを繰り返す。
※トラストフォールでは，乗り手が倒れるときに体がくの字になって，おしりから落ちることが考えられます。この練習は，乗り手の体を真っ直ぐにする練習です。
他に，ソフトマットの上に倒れ込む練習も効果的です。

●上げ役の練習（乗り手，上げ役で行う）

※準備物（ひもで縛ったマット）
上げ役の配置と手の形

カウントを全員で数える。
「123456せーの！グン！」のタイミングで上げ役がマットを斜め前へ押し出す。
上げ役の前列はマットが前にいきすぎないようにマットを支える。
補助役がマットを受け止める。

カウントを全員で数える。
「123456せーの！バタ！」のタイミングで台の上から補助役がマットを倒す。
上げ役がマットを受け止める。

第2章 「組体操」の技　全部紹介！　73

◯ 40人タワー

①2段目（12人）

指導ステップ
2段目が外側を向いて密な円を作る。
5段目の子どもが正面を向くように，正面の子どもを2人決めておく。

②1段目（18人）

1段目が外側を向いて四つん這いになる。
1段目が2段目の股下のスペースに足を入れる（2段目は足を動かさず，円の位置をずらさないようにする）。
2段目が1段目の腰に手を当てる（2段目が腰を曲げたときに，12人の腰の高さが同じ高さになるようにする）。

③3段目（6人）

3段目が，2段目の腰骨の上に乗る。
肩を組んでしゃがむ（肩の組み方を事前に決めておく）。
→参考：3段タワーp.58

④4段目（3人）

4段目が3段目の首の付け根の上に乗る。
4段目は，肩に5段目を乗せない子どもが，正面におしりを向ける位置で乗る（5段目の子どもが正面を向くため）。
→参考：3段タワー

⑤1段目（1人）

5段目が4段目の首の付け根に乗る。
→参考：3段タワー

⑥3段目が立つ

「せーの！」

「せーの」のかけ声とともに一斉にそろえて立ち上がる。

⑦4段目が立つ

「せーの！」

3段目の子どもは，4段目の子どもが立ちやすいように頭を中に入れ足場を平らにする。

⑧5段目が立つ

全員顔を正面に上げる。

完成！

👑 成功に導く言葉かけ

土台が安定しない…
　1段目の子どもに「おなかに力を入れよう」（背中をそりすぎないため）
　2段目の子どもに「おなかと地面を平行に近づけよう」（背中が斜めになっていると，3段目の子どもの足が滑ってしまう）

安全面のポイント

※40人タワーは，1，2段目の上に3段タワーが立ちます。非常に高さが出る技なので，必ず指導者の補助をつけましょう。補助は，4，5段目の子どもが後ろから落ちたときに，後頭部を支えられるように位置します。
※指導にあたり，1，2段目，1，2，3段目という様に段を分けて技に取り組みましょう。
※補助役を設定することも，技を成功させるためには有効です。補助する子ども（教師でもよい）はタワーの中に入って，3段目の子どもの足が滑らない様に膝を下から支えます（補助の人数は1〜3人）。
※非常に高度な技です。実態に応じて選択しましょう。

55人ピラミッド

人数編成	
①	7人
②	6人
③	6人
④	5人
⑤	5人
⑥	5人
⑦	4人
⑧	4人
⑨	4人
⑩	3人
⑪	3人
⑫	2人
⑬	1人

側面から

※負荷の大きさ　③＞⑤＞⑥＞⑧＞⑨＞⑪＞⑫

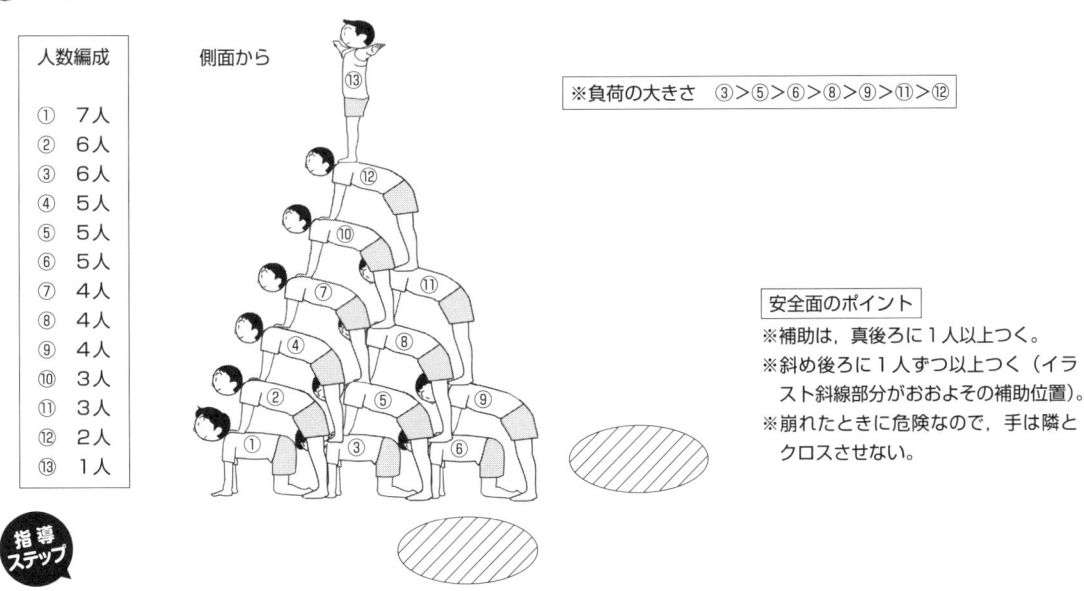

安全面のポイント
※補助は，真後ろに1人以上つく。
※斜め後ろに1人ずつ以上つく（イラスト斜線部分がおおよその補助位置）。
※崩れたときに危険なので，手は隣とクロスさせない。

指導ステップ

①から順番に組んでいく（縦が広がると⑩〜⑬が乗りにくく安定しないため，③⑤⑥⑧⑨⑪は，前の子どもの股下に頭を入れる）。
練習始めは，①〜⑨，⑩〜⑬に分けて指導する。
⑪，⑫の子どもは，ピラミッドの横からのぼっていく（外側の子どもに負荷がかかるので，⑦⑧⑩⑪⑫⑬だけでのぼる練習をする）。
地面におりたときに，自分の番号を言っていく（番号を言う子どもを事前に決めておく）。

成功に導く言葉かけ

ピラミッドが安定しない（グラグラする）…
「①が肩と肩をつけよう」（横の広がりをなくす），「手の置く位置を肩甲骨の近くにしよう」（縦の広がりをなくす），「おなかに力を入れよう」（背中をそりすぎないため）

背中の形がよい例（おなかに力が入る）	背中の形がよくない例（そっているので力が入らない）

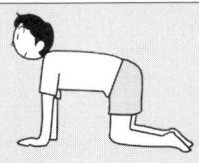

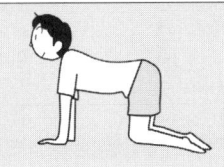

※その他のピラミッド

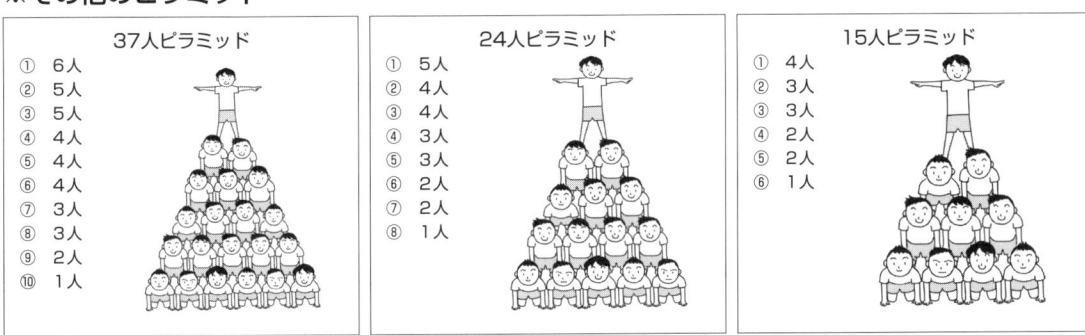

37人ピラミッド
① 6人
② 5人
③ 5人
④ 4人
⑤ 4人
⑥ 4人
⑦ 3人
⑧ 3人
⑨ 2人
⑩ 1人

24人ピラミッド
① 5人
② 4人
③ 4人
④ 3人
⑤ 3人
⑥ 2人
⑦ 2人
⑧ 1人

15人ピラミッド
① 4人
② 3人
③ 3人
④ 2人
⑤ 2人
⑥ 1人

第2章　「組体操」の技　全部紹介！

組み合わせ技

同じ技を対称に配置したり，人数の異なった複数の技を組み合わせたりすることで，より美しく，ダイナミックな演技となります。塔やピラミッドなどの大技と組み合わせることで，より壮大で一体感のある表現が可能です。

① 13人

ステップ→p.32
家→p.25
ランジ→p.32

② 15人

しゃちほこ→p.22
すべり台→p.24
飛行機→p.33
ミニタワー→p.29

③ 18人

ピストン→p.46
門→p.50
飛行機→p.33
すべり台→p.29
しゃちほこ→p.22

④ 20人

ショベルカー→p.38
飛行機→p.33
大展望台→p.51

⑤ 24人

しゃちほこ→p.22
すべり台→p.24
モール→p.34
飛行機→p.33
門→p.50

⑥ 26人

すべり台→p.24
すべり台→p.29
ダブル倒立→p.32
3人ピラミッド→p.31
肩車→p.25
飛行機→p.33
ミニタワー→p.29
やぐら→p.44

⑦ 26人

ボストーク→p.42
橋→p.26
すべり台→p.29
門→p.50

⑧27人

ミニタワー→ p.29
飛行機→ p.33
ショベルカー→ p.38
ミニタワーDX → p.52

⑨28人

3段タワー→ p.58
ミニタワー→ p.29
肩車→ p.25
飛行機→ p.33
ランジ→ p.32
ステップ→ p.32
ショベルカー→ p.38

⑩28人

バンク→ p.41
飛行機→ p.33
レインボーブリッジ→ p.62
しゃちほこ→ p.22

⑪32人

しゃちほこ→ p.22
すべり台→ p.24
レインボーブリッジ→ p.62
ミニタワー→ p.29
3段タワー→ p.58

⑫37人

ピース
　→ p.38（アレンジ）
門→ p.50
飛行機→ p.33
スケートボード
　→ p.53

⑬37人

台形→ p.45
すべり台→ p.29
門→ p.50
天空の城→ p.56

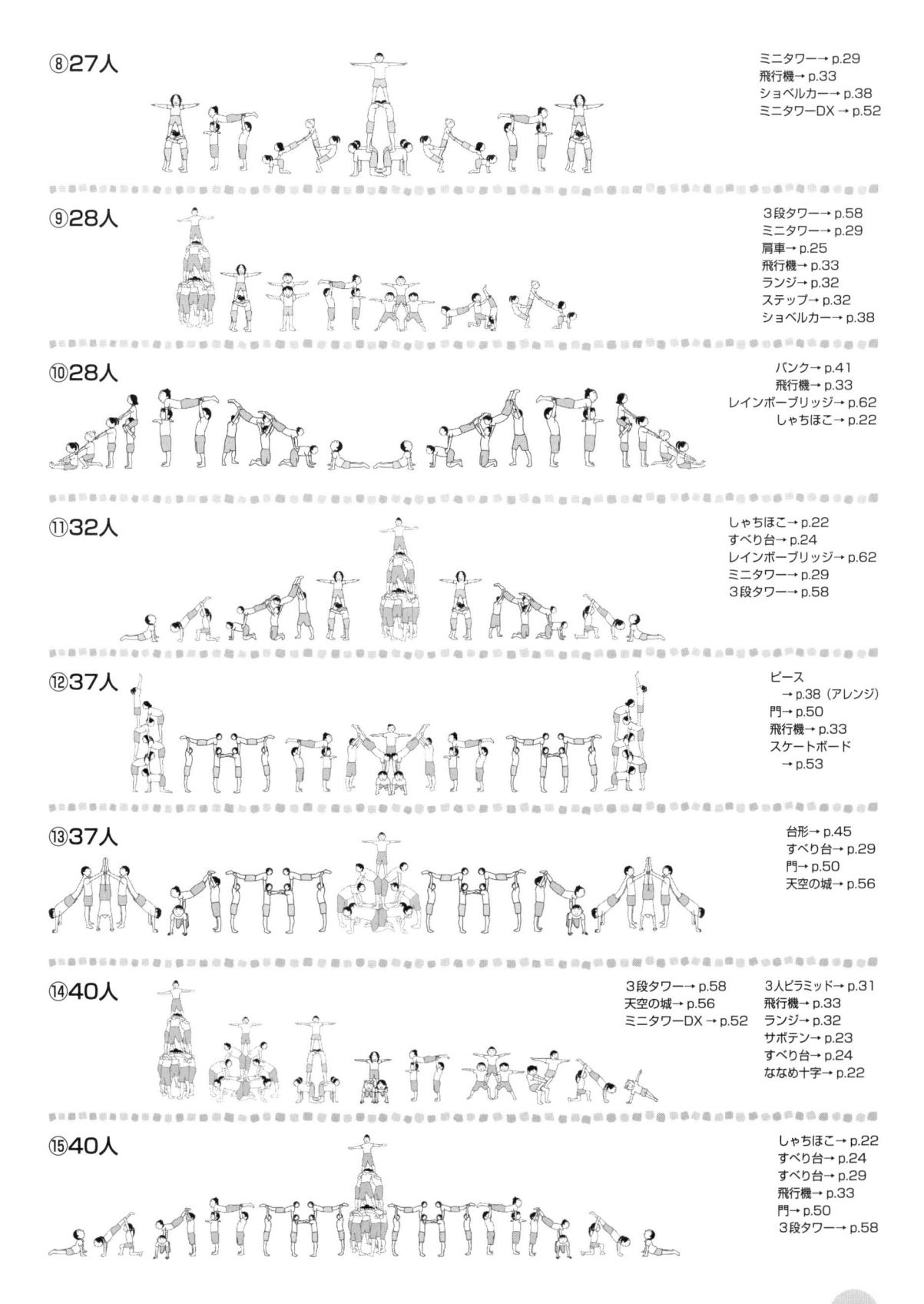

⑭40人

3段タワー→ p.58　3人ピラミッド→ p.31
天空の城→ p.56　飛行機→ p.33
ミニタワーDX → p.52　ランジ→ p.32
　　　　　　　　　サボテン→ p.23
　　　　　　　　　すべり台→ p.24
　　　　　　　　　ななめ十字→ p.22

⑮40人

しゃちほこ→ p.22
すべり台→ p.24
すべり台→ p.29
飛行機→ p.33
門→ p.50
3段タワー→ p.58

第2章「組体操」の技　全部紹介！

コラム

ひと夏の成長

　夏休みの真っただ中，学年団の先生と運動会に向けて指導方針を考えていました。子どもの実態は，まだまだ幼く自分本位な行動が目立つ子もいました。そんな子どもたちに組体操を通して，仲間の大切さを改めて感じてほしいと願いを込めて組体操練習を始めました。

　いざ練習が始まると，なかなか思うように進みません。子どもは筋肉痛や疲労が高まる一方，加えて猛暑の毎日。我々がめざした仲間の大切さに気づくなんてことは程遠く，仲間の失敗を責める始末……。当時の組体操の見せ場として，155人が全員で表現するブリッジを行いました。真ん中には38人で築く5段タワーがあります。本番までに5段タワーが成功したのはわずか1回。試行錯誤の中，急なポジション変更にとまどい，子どもたちの流した涙は今だに鮮明に覚えています。

　そして本番。見事，力強く，歯をくいしばる155人の顔が並びました。真っ黒に日焼けした子どもたちは，退場門をくぐり終えると，友と抱き合い，互いの努力を讃えあっていました。今，私は6年生の担任をしています。今からあの熱い夏がやってくるのが待ち遠しくてなりません。

信頼が生み出すパワー

　「怖いっ！」トラストフォールの練習中，上に乗る子どもがなかなか立てなかった。その後何度も練習をしたが，前かがみになり，補助の子どもの手を離すことができなかった。その間も，土台の子どもは文句も言わず，ずっと足を持って踏ん張っていた。練習を続けていくうちに，上に乗るその子どもはついに泣き出してしまった。友達への申し訳なさや，自分への憤りなど，様々な感情が溢れてしまったのであろう。追いつめてしまったかもしれないと思い，続けるかどうかを聞くと「やりたい」と一言。すると，土台の一人が「できるって！　絶対支えるから大丈夫やで！」と……。

　それからの練習で，その子どもから「怖い！」という声は一度も聞かなかった。そして，練習を重ねるごとに「頑張ろう！」「成功させるぞ！」と，グループのみんなが声を出し始めた。本番では，不安そうな顔は陰をひそめ，自信たっぷりの表情に変わり，技は見事に成功した。

　本番後の作文に「一番成功させたかった技はトラストフォールです。支えてくれた友達に応援してもらって，だんだん怖さがなくなってきました。みんなのためにも絶対に成功したいと思いました」と書かれていた。わずか一か月で，こんなにも人が成長する姿を見ることができるのは，他にないのではないかといつも思う。

第3章
「組体操」にチャレンジする！実物プログラム大公開

プログラム例を2つ紹介します。いずれも曲のイメージを大切にしながら，場面を構成していきました。

学校ごとにその実情や人数は異なるでしょう。しかし，隊形，技の種類，完成のタイミングなどを工夫することで，「魅せ方」＝「見栄え」へとつながります。

1回目の練習がスタートする前に，プログラムを完成させ，指導する先生たちと共有しておきましょう！

プログラム　その1

第1場面　曲：「非情のライセンス」（ドラマ「キーハンター」サウンドトラックより）

拍	時　間	曲　想 (歌詞・メロディライン)	技	技の説明（声）	
		前奏	猛ダッシュ	入場門退場門から二手に分かれて駆け足で入場する 「オー」など声を上げながら入場すると迫力があってよい	
8	0：11	Aメロ	ディスコ	右方向から「1234567」で手を上下に上げ下げしながら左方向に体をひねる→「8」で足を上げて腕を伸ばす「はい」	
8				左から戻って「1234567」で手を上下に上げ下げしながら左方向に体をひねる→「8」で足を上げて腕を伸ばす「はい」	
8	0：17	Aメロ	たけのこ にょきにょき	体をぐにゃぐにゃ捻りながら座る「うー」	
8		タン・タン・タン		「タンタンタン」で右からグループ毎に分かれて両手・両足を伸ばしてジャンプしながら立つ	
8	0：23	Aメロ	ウッは　ウッは	右に2回左に2回「はい・はい」	
8				右に2回左に2回「はい・はい」	
8	0：29	Aメロ	グッパ　グッパ	左右1回ずつを2セット「はい・はい」	
8				左右1回ずつを2セット「はい・はい」	
8	0：35	Bメロ	パタパタブリッジ	右から8カウント×2で全員倒れる 右腕から回し始め （右・左・右・左腕上げる・右手付く）	
8					
8	0：40	Bメロ	パタパタ 起き上がり	右から8カウント×2で全員最起き上がる 左腕から回し始め （左・右・左・右で交互に腕を回し気をつけの姿勢）	
8					
8	0：45	Aメロ	移動	万里の長城を準備 （中央に寄っていく） 隣同士の肩がぶつかるぐらいの間隔で3列に整列	
8					
8					
8					
8					
8					
8					
8					
8	1：09	Aメロ	万里の長城1段目 準備	準備についてはp.70の万里の長城を参照	
8					
8	1：14	Aメロ	万里の長城2段目 準備		
8					
8	1：20	Aメロ	万里の長城3段目 準備		
8					
8	1：25	Aメロ	調整	乗り位置などを再度調整する 顔は全員下を向ける	
8					
8	1：30	Aメロ			
8					
8	1：36	Aメロ	顔	3回の笛の合図と共に全員が顔を正面「ヤー」→右「ヤー」→左「ヤー」の順に向ける	
8					
8	1：42		崩す	崩し方についてはp.70の万里の長城を参照	
8					

ポイント！

・勢いをつけるために，曲はアップテンポなものを選んだ。
・メンバーの紹介も兼ね，全員の顔が見えるような，また全員が関わるような技を取り入れた。
・ダンスでは「明るさ」と「元気さ」を伝えるために，とにかく声とフリを大きく！

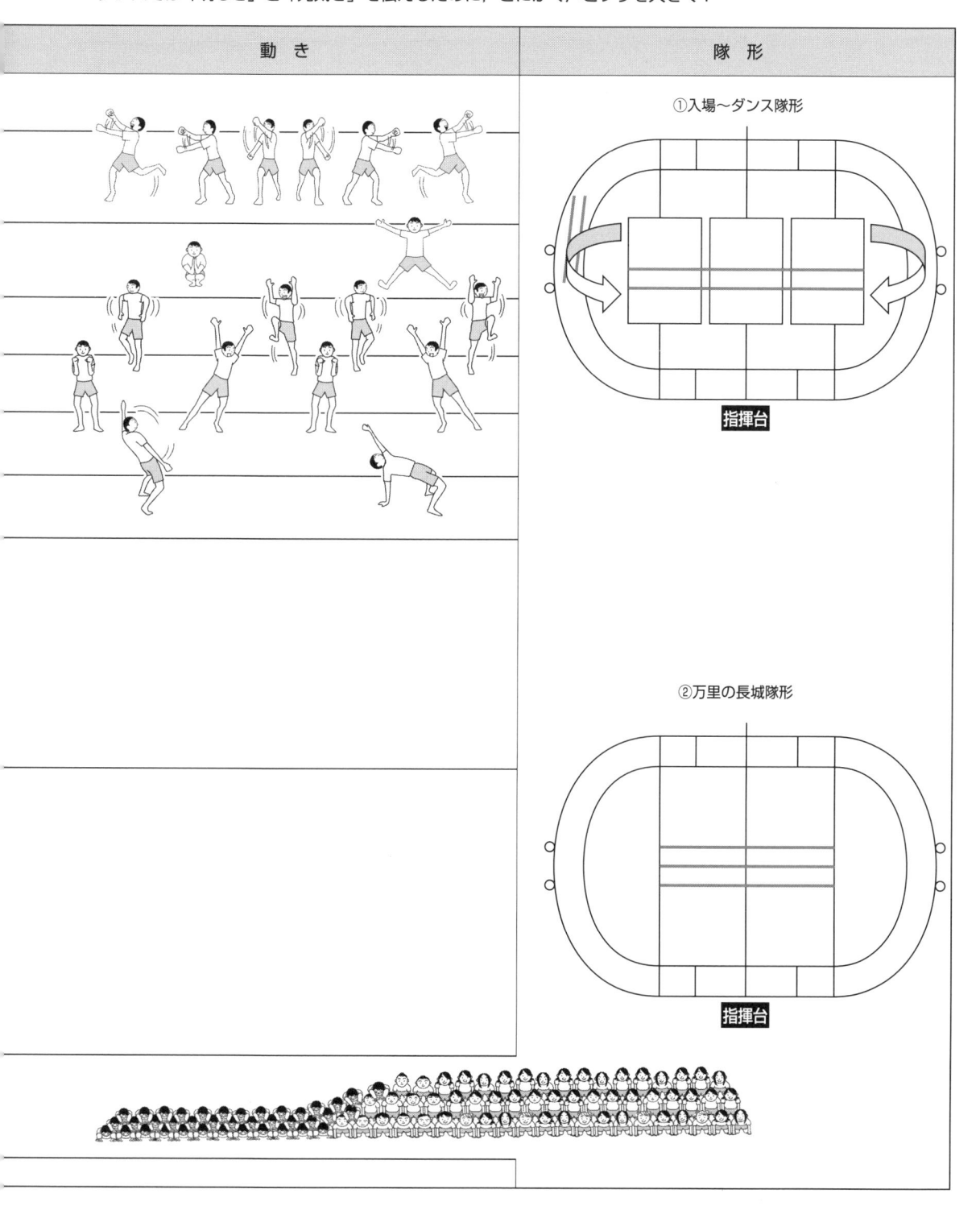

動き	隊形
	①入場〜ダンス隊形
	②万里の長城隊形

第3章 「組体操」にチャレンジする！ 実物プログラム大公開

第2場面 曲:「ALL NIGHT LONG」EXILE

拍	時 間	曲 想 (歌詞・メロディライン)	技	技の説明（声）
8	0：00	前奏		
8	0：04		A：たけのこ→手拍子	
8			B：たけのこ→手拍子	
8	0：12		一斉に倒れ→うつ伏せ	AB左右対称に倒れ，うつ伏せで待機
8	0：16	Aメロ	片手バランス	Aは前，Bは後ろを向いて技を決める
8				うつ伏せで待機
8	0：24		片手バランス	向き反対で技を決める
8				長座の姿勢で待機
8	0：30	Bメロ	A：はじめの4拍V字バランス →次の4拍で手を離して技を決める。	
8			B：はじめの4拍V字バランス →次の4拍で手を離して技を決める。	Aはバランスの姿勢を保ったままでキープする
8	0：39		A：アンテナ	Bはバランスの姿勢を保ったままでキープする
8			B：アンテナ	
8	0：46	Cメロ	Aが立つ	中央を向いて立つ
8			Bが立つ	中央を向いて立つ
8	0：54	サビ①	立ちブリッジ	ⅠからⅣの方向へ2拍ずつ時間差でブリッジ
8				キープする
8	1：01		おろす	ⅠからⅣの方向へ2拍ずつ時間差でおろす
8				ブリッジ準備
8	1：08	サビ②	ブリッジ	1→4の方向に向かって2拍ずつ時間差であげる
8			おろす	1→4の方向に向かって2拍ずつ時間差でおろす
8	1：16		ブリッジ	全員一斉にあげる
8				全員一斉におろす
8	1：22	間奏	移動→しゃがむ	しゃがんだまま2人組に移動（Ⅰ・Ⅲ側に寄る）
8	1：24	Aメロ	きのこ	しゃがんだ状態から一気に技を決める
8			崩す→準備	
8	1：31		バランス	しゃがんだ状態から一気に技を決める
8			崩す→準備	
8	1：39	Bメロ	補助倒立	A：前から見て左側が倒立
8				B：前から見て左側が倒立
8	1：46			A：前から見て右側が倒立
8				B：前から見て右側が倒立
8	1：54	Cメロ	ジャイアントスウィング準備	回される子は足のロックをかける
8				
8	2：00	サビ①	ジャイアントスウィング	A：右回し
8				B：左回し
8			肩車	おろして肩車準備
8				土台の子どもが頭を入れる
8	2：16	サビ②		肩車決める
8			サボテン	方向転換をし，右方向を向く
8				土台の子どもが頭を抜く
8				サボテン決める

ポイント！

- 1人技・2人技に用いる曲は，テンポがよく，子どもにとって馴染みある曲がよい。
- 技の配列は，あまり立ったり座ったりせずに，技がスムーズにつなげられるようにした。
- 技に単調なものが多いため，ズレなどを取り入れ，個々だけでなく全体での動きで"美しさ"を表現した。

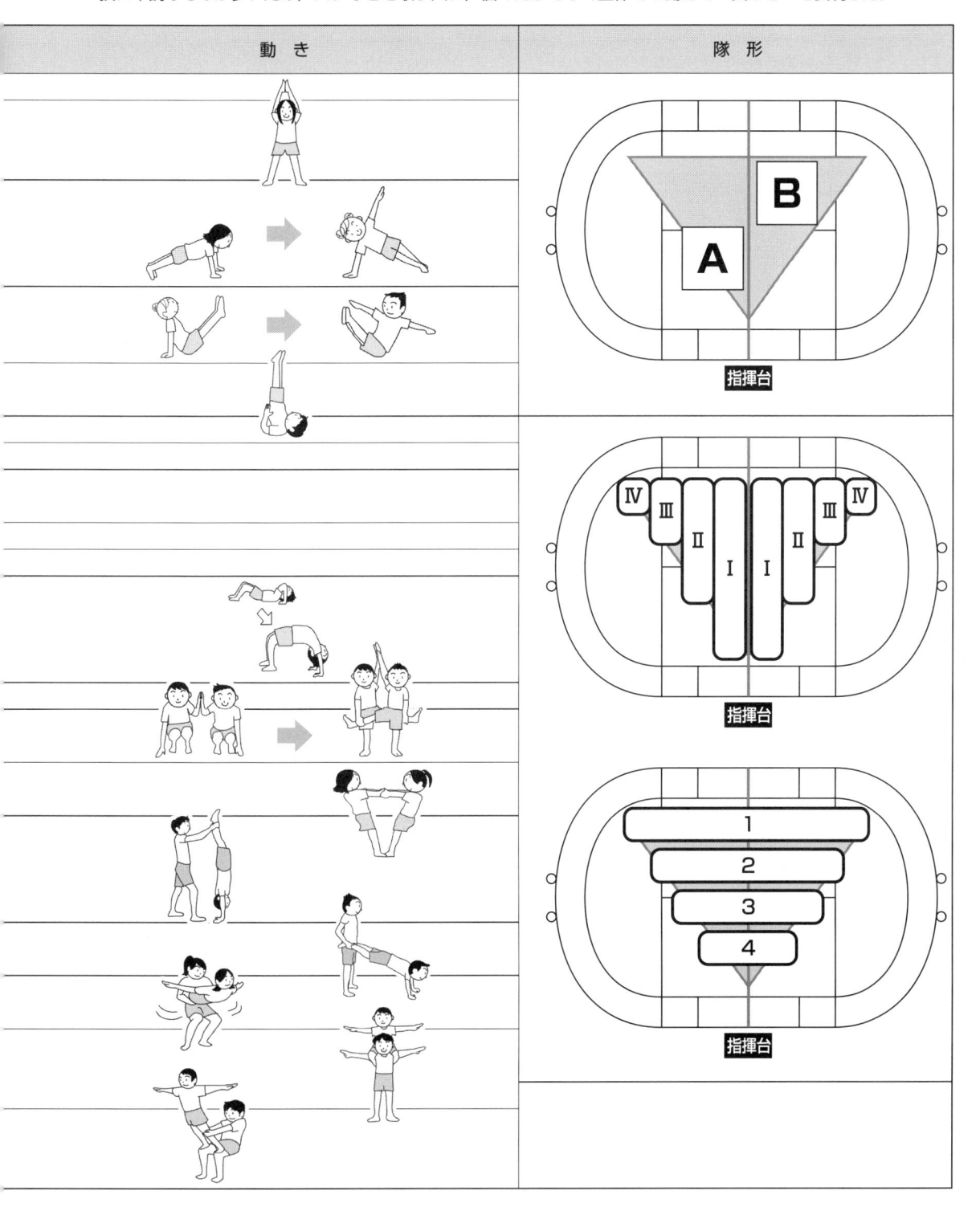

動　き	隊　形

第3章　「組体操」にチャレンジする！　実物プログラム大公開

第3場面　曲：「Courage」（映画「海猿」サウンドトラックより）

拍	時　間	曲　想 （歌詞・メロディライン）	技	技の説明（声）	
8		前奏			
8	0：07				
8	0：12	Aメロ①（たらたんたーたたん）	V字		
8					
8	0：23	Aメロ②	ランジ		
8					
8	0：34	Bメロ①（たらたんたらたん）	すべり台	足を肩にかついで立つ	
8				腕を伸ばして技を決める	
8	0：45	Bメロ②（たーたたん）			
8		ダダン♪	ミニタワー	ミニタワー土台組む，乗る	
8				上げる	
8	1：00	Cメロ①（たらたーらん）		ミニタワー決める	
				下ろす	
8	1：12	Cメロ②（たーらーたら）		崩し，移動（6人組）	
8				端は足を曲げる，顔は全員下	
8	1：23	Bメロ（高）	扇	扇キメ！	
8				キープ	
8	1：34	Bメロ（高）		3組→2組→1組→4組の順で4拍ずつ崩す	
8				倒れたままでキープ	
8	1：45				
8		Cメロ		中央に移動	
8					
8				腕を上にあげた状態で波の準備	
8	2：06			波スタート！	
8		Dメロ	波		
8					
8					
8	2：28	ダーン♪		一斉に波倒す	
8	2：35		3段タワー	3段目立つ	
8		サビ		2段目立つ	
8				1段目立つ	
8					
4				ターンタンタンのタンで波起き上がる	
8			波＋回転タワー	波動く，タワー回る	
8					
8		サビ			
8				ターンタンタンで波起き上がる	
8					

ポイント!

・1曲目・2曲目とテンポのよい曲を続けたので,雰囲気を変えるために落ち着いた曲を用いた。
・3人技・6人技は,観ている方を飽きさせないように短い間隔で数多く入れた。
・波の中で埋もれて見えない土台の子どものがんばりを伝えるために,3段タワーを回転させた。

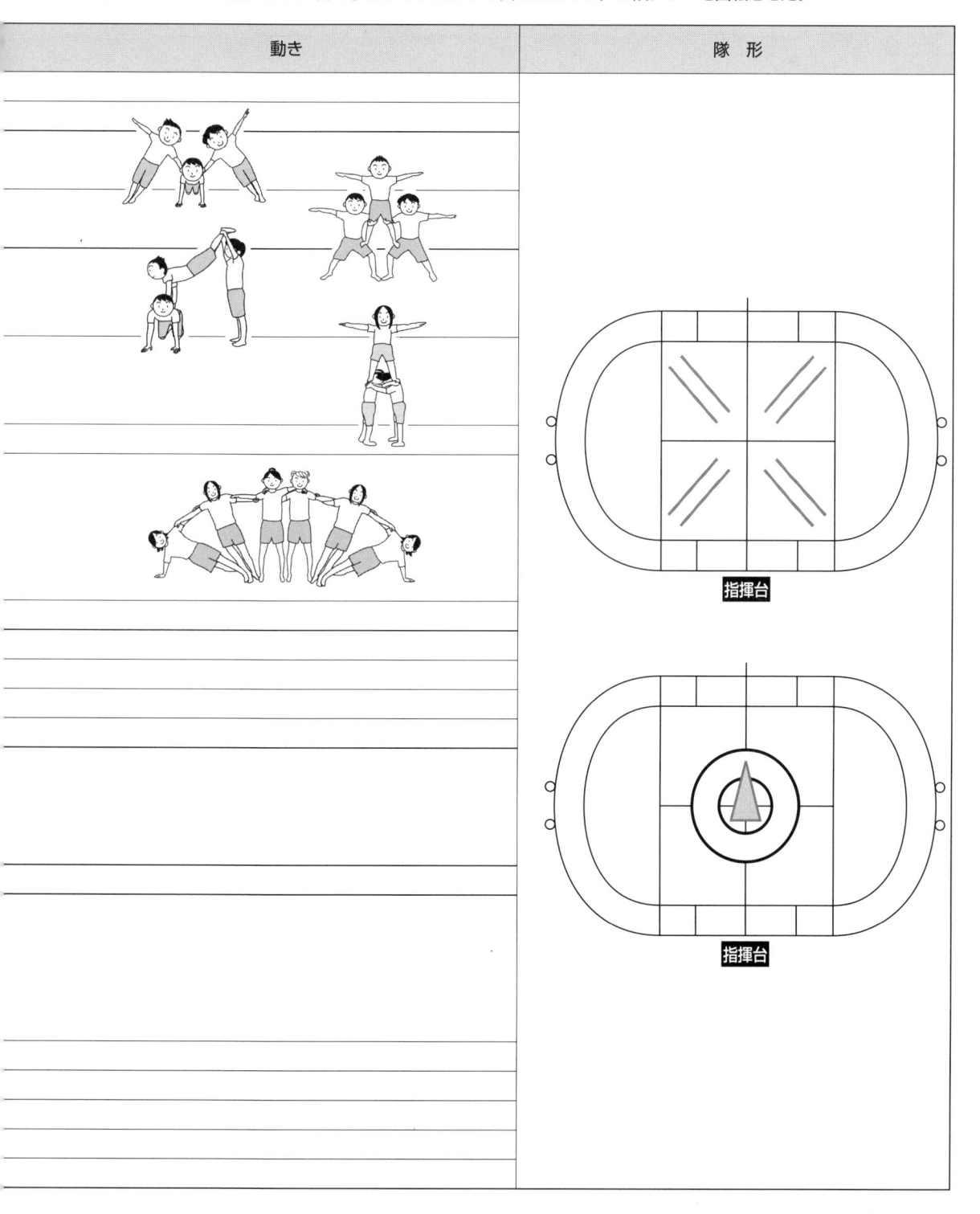

動き	隊　形

第3章 「組体操」にチャレンジする！ 実物プログラム大公開

第4場面　曲：「GO WEST」ペット・ショップ・ボーイズ

拍	時　間	曲　想 (歌詞・メロディライン)	技	技の説明（声）
8		前奏	移動	トラストフォール，クイックピラミッドの隊形
8				
8				
8				
8	0：21	Aメロ	トラストフォール， クイックピラミッドの準備	
8				
8				
8				立てたトラストフォールを一斉に倒す
8	0：36	Aメロ（言葉）	クイックピラミッド	端から2基を立てる
8				真ん中2基を立てる
8				端の2基を立てる
8				一斉に崩す
8	0：52	Aメロ（言葉）	トラストフォール	端から2基を立てる
8				真ん中を立てる
8				端の2基を立てる
8				一斉に崩す
8	1：08	サビ	クイックピラミッド＋ トラストフォール	クイックピラミッドは4拍で，トラストフォールは8拍で一斉に上の子どもを倒したり，起こしたりを繰り返す
8				
8				
8				
8	1：24	間奏	クイックピラミッド＋ トラストフォール	クイックピラミッド4拍ずつで互い違いに立てる トラストフォール真ん中から4拍ずつで立て，一斉に崩す
8				
8				クイックピラミッド4拍ずつで互い違いに立てる トラストフォール互い違いにに4拍ずつで立て，一斉に崩す
8				
8	1：40	TOGETHER！	クイックピラミッド＋ トラストフォール	クイックピラミッドを一斉に立てる
8				トラストフォールを一斉に立てる
8				
8				笛の合図で決める！
8	1：56	Oh　broak	クイックピラミッド＋ トラストフォール	クイックピラミッドを一斉に崩す
8		I want you		トラストフォールを一斉に崩す
8				
8				
8	2：12	オーレ！	移動	
8				
8				
8				
8	2：28	オーレ！	自分の場所で呼吸を整え， 準備	
8				
8				
8				
8	2：44	Bメロ	ブリッジ準備	5段タワーの4段目準備
8				
8				5段タワーの5段目準備
8				
8	3：00	Aメロ	ブリッジ準備	5段タワーの3段目準備　3段タワーの3段目準備
8				
8				5段タワーの2・1段目準備　3段タワーの2・1段目準備 2段タワーの2・1段目準備
8				
8	3：16	Aメロ	ブリッジ準備	5段タワーの3段目立つ　3段タワーの3段目立つ
8				5段タワーの2段目立つ　3段タワーの2段目立つ 2段タワーの2段目立つ
8				
8				
4	3：32	笛	ブリッジ完成	1段目が立ち，一斉に顔を上げる
8				
8				
8				
8				

ポイント！
・横と高さのズレを作り出せる「クイックピラミッド」と「トラストフォール」を組み合わせた。
・それぞれの基で起こすタイミング，倒すタイミングが違うので，子どもたちにとってカウントが取りやすいテンポの曲にした。
・ブリッジは全てのタワーが同時に完成できるように，それぞれのタワーが立ち上がるタイミングを逆算してずらした。

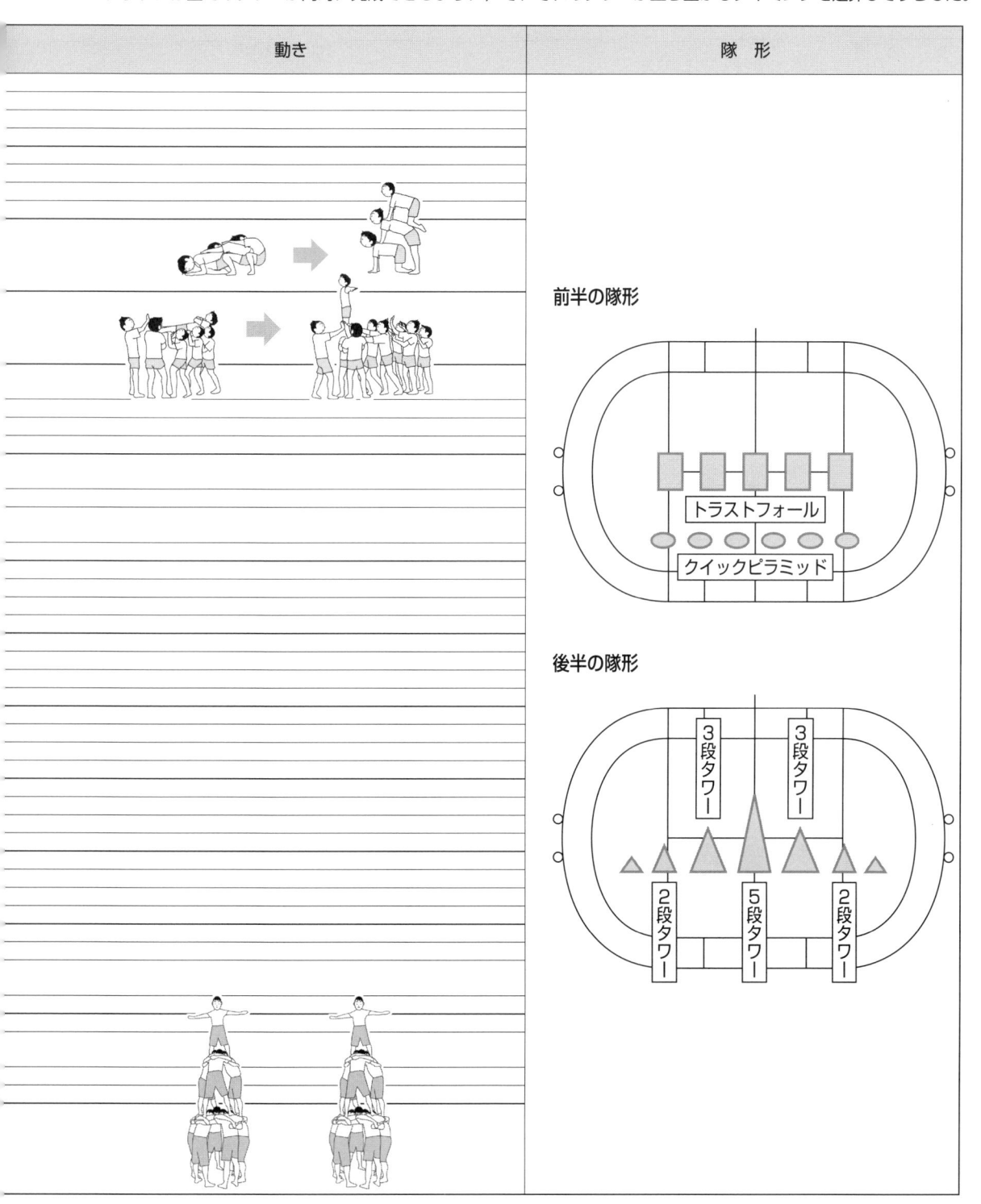

動き	隊　形
	前半の隊形 トラストフォール クイックピラミッド 後半の隊形 3段タワー　3段タワー 2段タワー　5段タワー　2段タワー

第3章　「組体操」にチャレンジする！　実物プログラム大公開　87

第5場面　曲:「南極大陸 Main Title」(ドラマ「南極大陸」オリジナルサウンドトラックより)

拍	時　間	曲　想 (歌詞・メロディライン)	技	技の説明(声)
		前奏	移動・整列	呼吸を整える，片膝を立てて座る
6	0:20	Aメロ①	55人ピラミッド	①の子どもが準備
6			↓	②の子どもが準備
6			↓	③の子どもが準備
6			↓	④の子どもが準備
6		間奏	↓	⑤の子どもが準備
6	0:42	Bメロ①	↓	⑥の子どもが準備
6			↓	
6			↓	⑦の子どもが準備
6			↓	
6	1:00	Bメロ②	↓	⑧の子どもが準備
6			↓	
6			↓	⑨の子どもが準備
3		間奏	↓	
6	1:21	Aメロ②	↓	⑩の子どもが準備
6			↓	
6	1:29		↓	
6			↓	⑪の子どもが準備
6	1:39	Aメロ③	↓	
6			↓	
6	1:48	サビ前	↓	⑫と⑬の子どもが準備
6			↓	
6			↓	
6			↓	
6			↓	
6	2:10		↓	⑬の子ども立つ
6	2:17	サビ	完成	ポーズ　前は全員顔を上げる
6			完成	ポーズ　前は全員顔を上げる
6			くずし	⑬の子どもから順におりる
6				
6				

ポイント！
・一番の感動させる場面。壮大な曲を選んだ。
・全員の顔を見せられるように，間をしっかりとる。
・曲の一番盛り上がるところに完成を合わせるようにした。

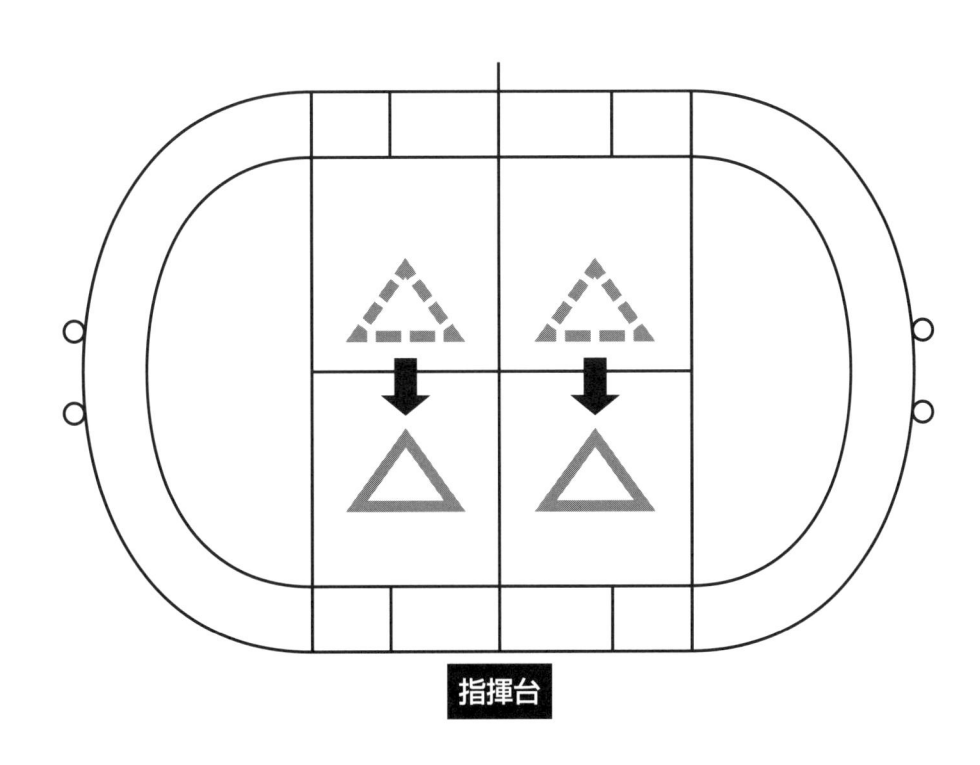

技

指揮台

第3章 「組体操」にチャレンジする！ 実物プログラム大公開　89

プログラム　その2

第1場面　曲：「ROOKIES メインテーマ」（ドラマ「ROOKIES」オリジナルサウンドトラックより）

拍	時　間	曲　想	技
8	3：00	ファンファーレ	待機
8			↓
8	3：09	メロディA－①	入場
8			↓
8	3：17		↓
8			↓
8	3：26	メロディA－①	↓
8			↓
8	3：34		移動ピラミッド
8			
8	3：43	メロディA－②	↓
8			↓
8	3：52		↓
8			↓
8	4：00	メロディB－①	↓
8			↓
8	4：09		↓
8			↓
8	4：17	メロディB－②	↓
8			
8	4：26		
8			
8	4：34	メロディB－①	
8			
8	4：43		↓
8			↓
8	4：51	メロディB－②	↓
8			↓
8	5：00		
8			
8	5：09	ファンファーレ	
8			
8	5：17		
8			
8	5：26		↓

ポイント！

- 始まりのイメージに合うよう，ファンファーレの入っている曲に。
- 全員で１つの技取り組むことで，一体感を表現。
- 完成したと思った技が，さらに移動し迫ってきて完成するという意外性を大切に。

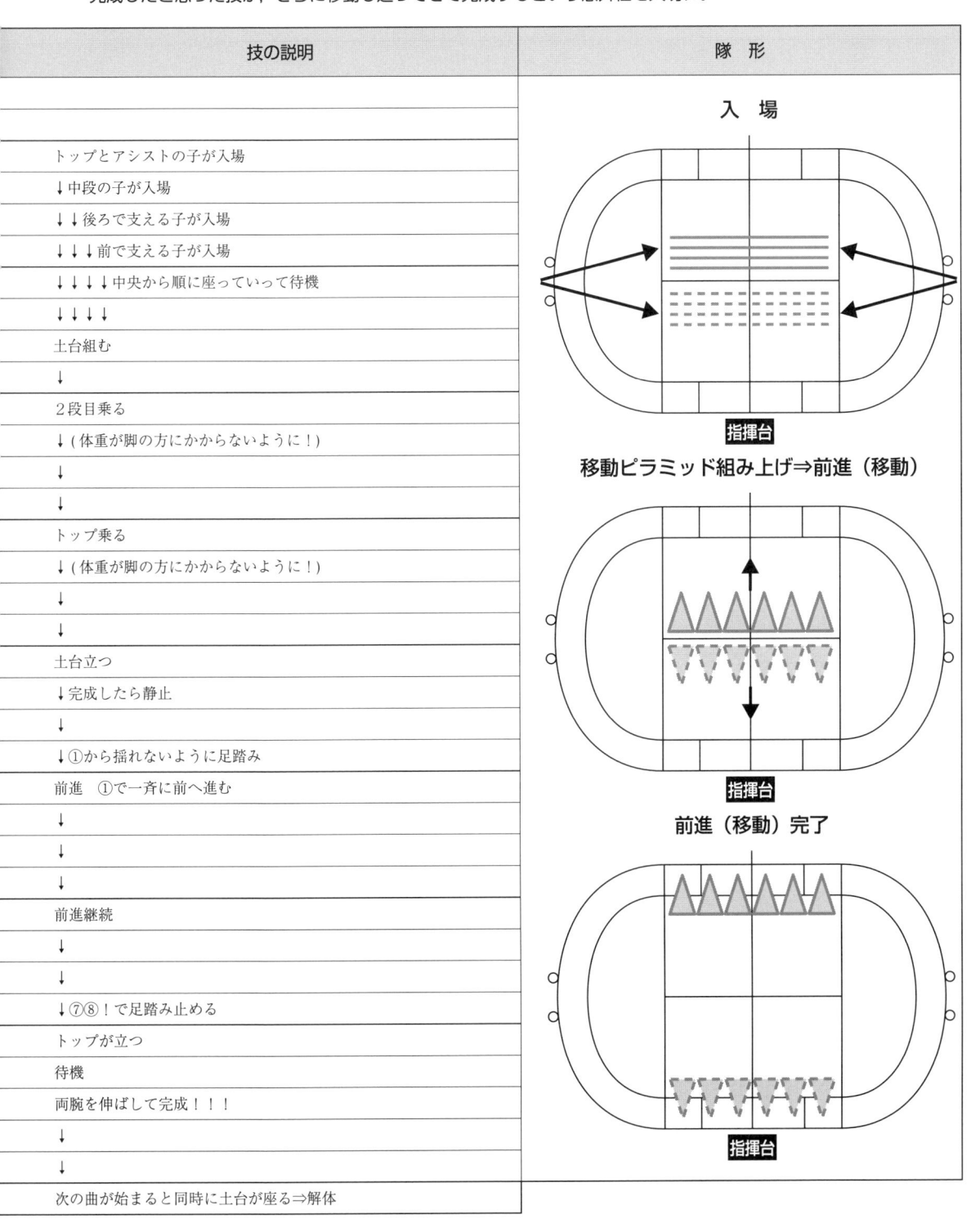

技の説明	隊形
トップとアシストの子が入場	入　場
↓中段の子が入場	
↓↓後ろで支える子が入場	
↓↓↓前で支える子が入場	
↓↓↓↓中央から順に座っていって待機	
↓↓↓↓	
土台組む	
↓	
２段目乗る	移動ピラミッド組み上げ⇒前進（移動）
↓(体重が脚の方にかからないように！)	
↓	
↓	
トップ乗る	
↓(体重が脚の方にかからないように！)	
↓	
↓	
土台立つ	
↓完成したら静止	
↓	
↓①から揺れないように足踏み	
前進　①で一斉に前へ進む	前進（移動）完了
↓	
↓	
↓	
前進継続	
↓	
↓	
↓⑦⑧！で足踏み止める	
トップが立つ	
待機	
両腕を伸ばして完成！！！	
↓	
↓	
次の曲が始まると同時に土台が座る⇒解体	

第2場面　曲:「JUMP」ヴァン・ヘイレン

拍	時　間	曲　想	技	
8	0：00		移動	
8		メロディA	↓	
8	0：07	（前奏）	↓	
8			↓	
8	0：14		↓	
8		メロディA	↓	
8	0：22	（前奏）	↓	
8			↓	
8	0：29		片手バランス	
8		メロディA	↓	
8	0：36		↓	
8			↓	
8	0：44		肩倒立	
8		メロディA	↓	
8	0：51		↓	
8			↓	
8	0：59		立ちブリッジ	
8			↓	
8	1：06	メロディB	↓	
8			↓	
4			↓	
8	1：15		移動	
8		メロディA	↓	
8	1：23		補助倒立	
8				
8	1：30		交代	
8		メロディA	↓	
8	1：38		倒立	
8				
8	1：45		しゃちほこ	
8			↓	
8	1：53	メロディB	↓	
8			↓	
4			↓	
8	2：02		馬とび	
8		メロディA	↓	
8	2：09		↓	
8			↓	
8	2：17		肩車	
8		メロディC	↓	
8	2：24		↓	
8			↓	
8	2：31		↓	
8			↓	
8	2：39		↓	
8			↓	
8	2：46	メロディD	サボテン	
8			↓	
8	2：54		↓	
8			↓	
8	3：01		↓	

ポイント！

- 1人技・2人技の曲はテンポがよく，子どもにとって馴染みある曲がよい。
- 全員が取り組む基本技を取り入れて構成。
- 技の精度を高め，一斉にそろえる迫力，ずらして全体の動きの美しさを出す。

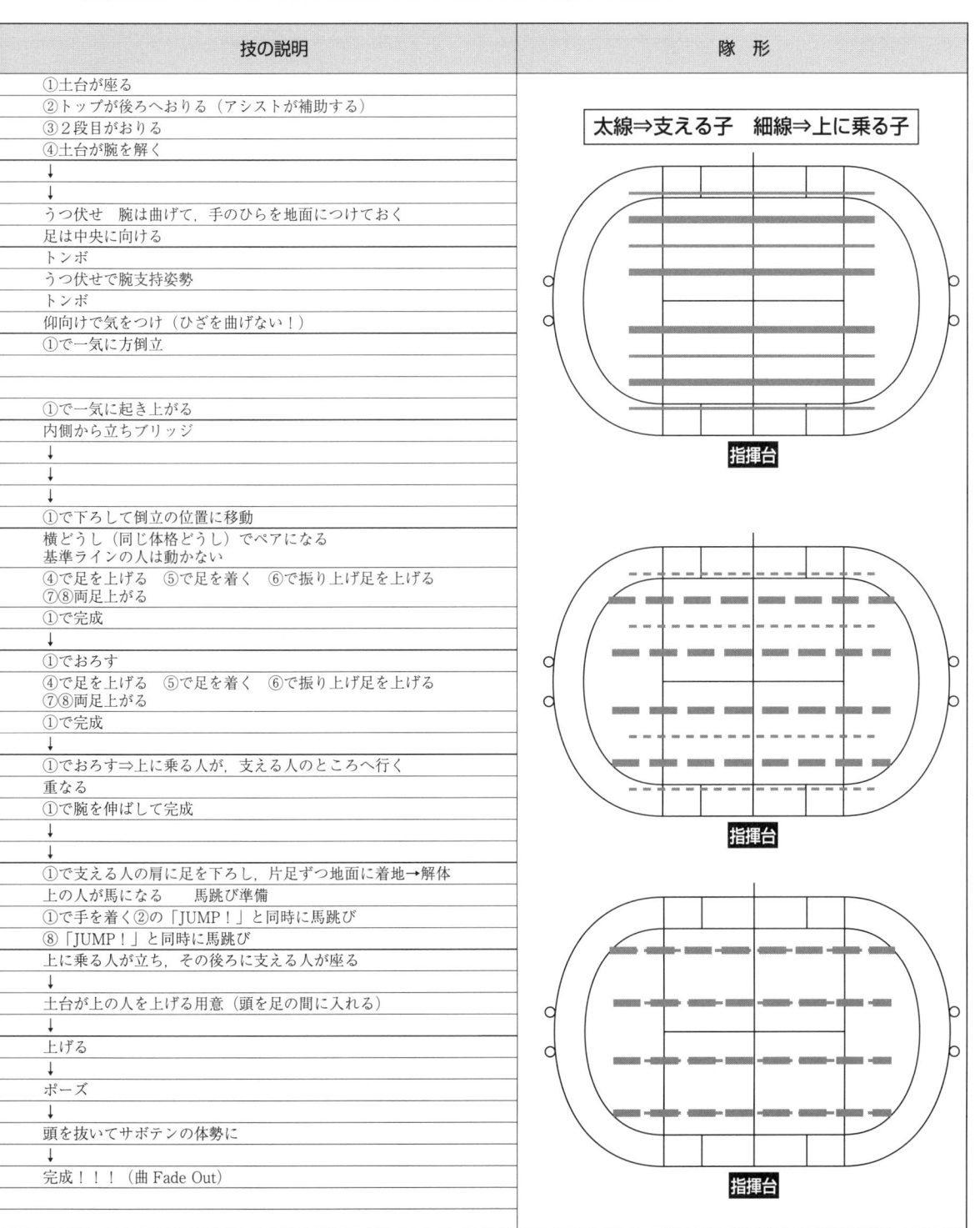

技の説明	隊　形
①土台が座る ②トップが後ろへおりる（アシストが補助する） ③2段目がおりる ④土台が腕を解く ↓ ↓ うつ伏せ　腕は曲げて，手のひらを地面につけておく 足は中央に向ける トンボ うつ伏せで腕支持姿勢 トンボ 仰向けで気をつけ（ひざを曲げない！） ①で一気に方倒立 ①で一気に起き上がる 内側から立ちブリッジ ↓ ↓ ↓ ①で下ろして倒立の位置に移動 横どうし（同じ体格どうし）でペアになる 基準ラインの人は動かない ④で足を上げる　⑤で足を着く　⑥で振り上げ足を上げる ⑦⑧両足上がる ①で完成 ↓ ①でおろす ④で足を上げる　⑤で足を着く　⑥で振り上げ足を上げる ⑦⑧両足上がる ①で完成 ↓ ①でおろす⇒上に乗る人が，支える人のところへ行く 重なる ①で腕を伸ばして完成 ↓ ↓ ①で支える人の肩に足を下ろし，片足ずつ地面に着地→解体 上の人が馬になる　　馬跳び準備 ①で手を着く②の「JUMP！」と同時に馬跳び ⑧「JUMP！」と同時に馬跳び 上に乗る人が立ち，その後ろに支える人が座る ↓ 土台が上の人を上げる用意（頭を足の間に入れる） ↓ 上げる ↓ ポーズ ↓ 頭を抜いてサボテンの体勢に ↓ 完成！！！（曲 Fade Out）	太線⇒支える子　細線⇒上に乗る子 指揮台 指揮台 指揮台

第3章　「組体操」にチャレンジする！　実物プログラム大公開

第3場面　曲：「Blue Dragon（'07ver）」（ドラマ「医龍2」オリジナルサウンドトラックより）

拍	時　間	曲　想	技
8	0：00	前奏	移動
8			↓
8	0：15		↓
8			↓
8	0：31	メロディA	千手観音
8			↓
8	0：47		↓
8			↓
8	1：02	メロディB	↓
8			↓
8	1：17		↓
2	1：25	サビ	↓
8	1：27		↓
8			↓
8	1：43		↓
8			↓
8	1：58	間奏	移動
8			↓
8	2：13		↓
8			↓
8			↓
8	2：37	メロディA	55人ピラミッド
8			↓
8	2：52		↓
8			↓
8	3：08	サビ	↓
8			↓
8	3：23		↓
8			↓
8	3：39	サビ	↓
8			↓
8	3：54		↓
8			↓
4	4：10	サビ（静か）	↓
8	4：14		↓
8			↓
8	4：29		↓
8			↓
4	4：50	「ダ～ン‥‥」	↓
			くずす

ポイント！

- 雰囲気を変えるため，ゆったりとした重厚感のある曲を用いた。
- 55人ピラミッドの前は，負担の軽い技で構成した。
- 千手観音の「美しさ」，55人ピラミッドの「迫力」を大切にした。

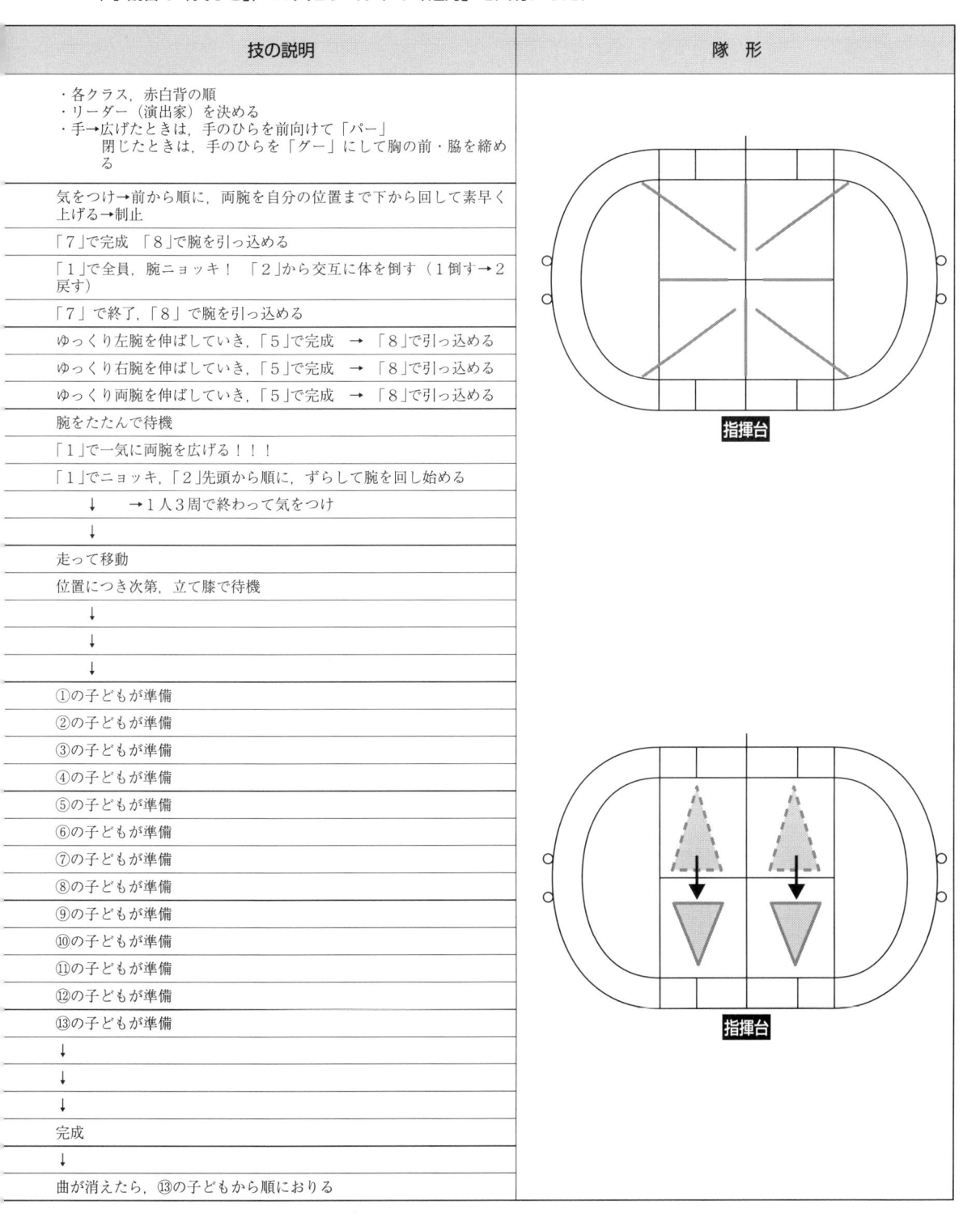

技の説明	隊　形
・各クラス，赤白背の順 ・リーダー（演出家）を決める ・手→広げたときは，手のひらを前向けて「パー」 　　閉じたときは，手のひらを「グー」にして胸の前・脇を締める	
気をつけ→前から順に，両腕を自分の位置まで下から回して素早く上げる→制止	
「7」で完成　「8」で腕を引っ込める	
「1」で全員，腕ニョッキ！「2」から交互に体を倒す（1倒す→2戻す）	
「7」で終了，「8」で腕を引っ込める	
ゆっくり左腕を伸ばしていき，「5」で完成　→　「8」で引っ込める	
ゆっくり右腕を伸ばしていき，「5」で完成　→　「8」で引っ込める	
ゆっくり両腕を伸ばしていき，「5」で完成　→　「8」で引っ込める	
腕をたたんで待機	
「1」で一気に両腕を広げる！！！	
「1」でニョッキ，「2」先頭から順に，ずらして腕を回し始める	
↓　　→1人3周で終わって気をつけ	
↓	
走って移動	
位置につき次第，立て膝で待機	
↓	
↓	
↓	
①の子どもが準備	
②の子どもが準備	
③の子どもが準備	
④の子どもが準備	
⑤の子どもが準備	
⑥の子どもが準備	
⑦の子どもが準備	
⑧の子どもが準備	
⑨の子どもが準備	
⑩の子どもが準備	
⑪の子どもが準備	
⑫の子どもが準備	
⑬の子どもが準備	
↓	
↓	
↓	
完成	
↓	
曲が消えたら，⑬の子どもから順におりる	

第4場面　曲：「バッテリー」（アニメ「大きく振りかぶって」サウンドトラックより）

拍	時　間	曲　想	技	
8	0：00		WAVE	
8				
8	0：08	メロディA	グライダー	準備
8				↓
4				↓
8	0：18			↓
8				↓
8	0：25	メロディB－①		テイクオフ
8				完成
8				↓
8	0：37			滑空
8				↓
8	0：45	メロディC		↓
8				↓
8	0：52			着陸
4				↓
8	0：58		移動	
8				↓
8	1：06	メロディB－②		↓
8				↓
8				↓
8	1：18		長座ドミノ	開始
8				↓
8	1：25	メロディA		↓
8				↓
8	1：33		トランポリン	

> **ポイント！**
> ・技の動きに合わせた軽快さを持ち，トランポリンで終わるイメージに合った曲を選曲。
> ・グライダーもドミノも，技を大きく・美しく見せるよう，腕や指先を伸ばすよう意識する。
> ・技をしながらの移動が，次の技の隊形につながるよう意識して構成。

技の説明	隊　形
2列で内側を向き，中央に近い方の膝を立てて待機 「1」で中央から腕を大きく伸ばしながら外側へ開いていく 開いたら静止 移動開始 位置に到着次第，技を組み始める 土台は立て膝で座る 土台（腕側）⇒外側の手で手首・内側の手で胸の上あたりを支える 土台（脚側）⇒外側の肩に上の人のスネ辺りを乗せる 　　　　　　外側の手で足首・内側の手で脚の付け根あたりを支える タイミングを合わせて土台が立ち上がる 「1」で腕を伸ばして高く持ち上げ，完成	（X字隊形図／指揮台）
タイミングを合わせて右足から前へ進む Xから◇の隊形になるよう，前後に移動 到着次第，その場で足踏み タイミングを合わせて下ろす 脚を肩に下ろす⇒脚を地面に下ろす⇒腕を離す	（◇字隊形図／指揮台）
トランポリンにつながる導火線になるよう， 2列で前後の間隔が同じになるよう長座で座る 前屈の体勢で静止 決して顔を上げ過ぎない ドミノ開始 前から波が伝わるように腕を大きく伸ばしたまま 仰向けの姿勢になる 「5」でトランポリン⇒高く上げる　キャッチしたらすぐ座る	（渦巻き隊形図／指揮台）

第5場面　曲：「とどかぬ想い」（ドラマ「救命病棟24時」サウンドトラックより）

拍	時　間	曲　想	技	
8	2：00	曲調変化前	移動	
8			↓	
8	2：08		↓	
8			↓	
8	2：15	前奏	クイックピラミッド	準備
8				↓
8	2：23			↓
8				↓
8	2：30	サビ-前		揃える
8				↓
8	2：38			↓
8				↓
8	2：45	サビ☆		ずらす
8				↓
8	2：53			↓
8				↓
8	3：00	サビ-前	トラストフォール	移動・準備
8				↓
8	3：08			↓
8				↓
8	3：15	サビ-中		揃える
8				↓
8	3：23			↓
8				↓
8	3：30	サビ☆		ずらす
8				↓
8	3：38			↓
8				↓
8	3：45	ダン！で終了		↓

ポイント！
- 緊迫感のある曲で全構成に変化をもたせ，かつ技完成のタイミングがつかみやすい曲を選曲。
- カウントを声に出し，技のグループごとに異なる完成のタイミングを合わせる。
- 「一瞬で完成する・一瞬で崩す」というメリハリと，「ずれ」で全体の動きの変化を意識して構成。

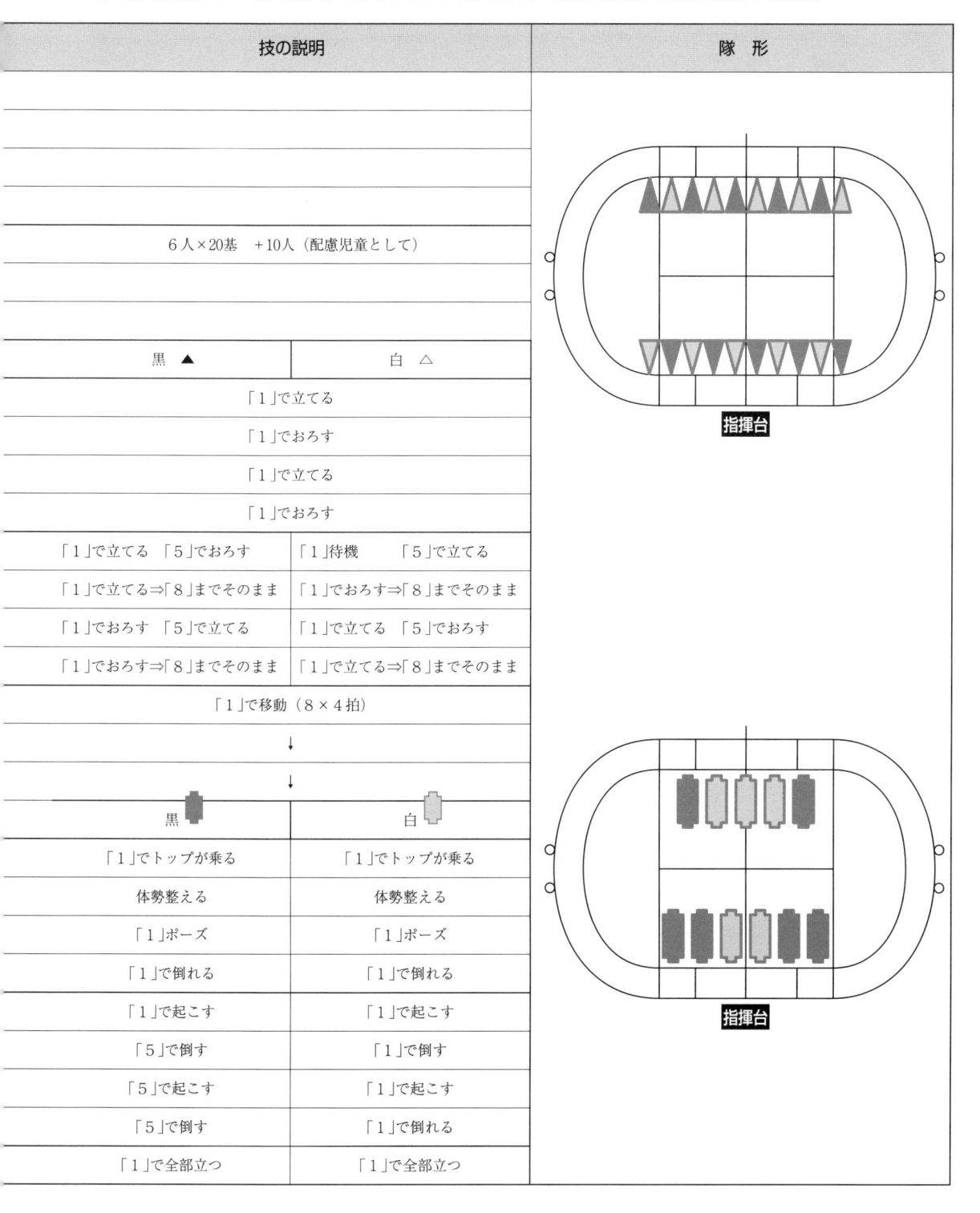

技の説明		隊　形
6人×20基　＋10人（配慮児童として）		
黒　▲	白　△	
「1」で立てる		
「1」でおろす		
「1」で立てる		
「1」でおろす		
「1」で立てる　「5」でおろす	「1」待機　「5」で立てる	
「1」で立てる⇒「8」までそのまま	「1」でおろす⇒「8」までそのまま	
「1」でおろす　「5」で立てる	「1」で立てる　「5」でおろす	
「1」でおろす⇒「8」までそのまま	「1」で立てる⇒「8」までそのまま	
「1」で移動（8×4拍）		
↓		
↓		
黒	白	
「1」でトップが乗る	「1」でトップが乗る	
体勢整える	体勢整える	
「1」ポーズ	「1」ポーズ	
「1」で倒れる	「1」で倒れる	
「1」で起こす	「1」で起こす	
「5」で倒す	「1」で倒す	
「5」で起こす	「1」で起こす	
「5」で倒す	「1」で倒れる	
「1」で全部立つ	「1」で全部立つ	

第6場面　曲：「アテンションプリーズ」（ドラマ「アテンションプリーズ」サウンドトラック―OH PRETTY WOMAN―より）

拍	時間	曲想 (歌詞・メロディライン)	技			
8	4：32	ドラム	移動			
8			↓			
8	4：41	メロディ ①－1	↓			
8			↓			
8	4：49		↓			
8			↓			
8	4：58	メロディ ①－1	WAVE　始動	中央から①～⑧で上体を倒す。→次の①～⑧で上体を起こす		
8			↓			
8	5：06		↓	（タワーの4段目・3段目準備）		
8			↓			
8	5：15	メロディ ①－2	↓	（タワーの2段目→1段目が乗って準備）		
8			↓			
8	5：23		↓			
8			↓			
8	5：32	メロディ ②－2	4段タワー立ち上げ	2段目	WAVEを解体して、ダッシュで移動	
8			↓	↓	↓移動完了次第、立て膝で座る	
8	5：40		↓	1段目	↓絶対顔上げない！動かない！	
4			↓	↓	↓	
8	5：47		↓	完成（静止！！！！！）	↓	
8			↓	肩上ピラミッド	2段タワー	肩車
8	5：56	サビ前	ブリッジ　準備	2段目中に入る	立て膝で待機	立て膝で待機
8			↓	↓	↓	↓
8	6：04		↓	2段目が乗る	土台立って腕組む⇒しゃがむ	↓
8			↓	↓	↓	↓
8	6：13	サビ	↓	トップ乗る	トップ乗る	足の間に頭を入れる
8			↓	↓	↓	↓
8	6：21		↓	土台が立つ	土台が立つ	土台が立つ
8			↓	↓	↓	↓姿勢調整
8	6：30		↓	トップが立つ	トップが立つ	気をつけで静止
8			↓	姿勢調整	姿勢調整	↓
8	6：38		完成	両腕を伸ばして完成	両腕を伸ばして完成	両腕を伸ばして完成
8			↓	↓	↓	↓
8	6：47		↓	↓	↓	↓
8		無音	解体	土台　しゃがむ	トップがしゃがむ	土台がしゃがむ
8		↓	↓	↓	土台がしゃがむ	解体

ポイント！
・フィナーレは，明るく力強いイメージの曲を選択。
・ブリッジは，全ての技が同時に完成するよう，組み始めをずらして構成。
・技ごとに組み始めのが違うので，カウントと組み始めの曲調でタイミングを覚える。

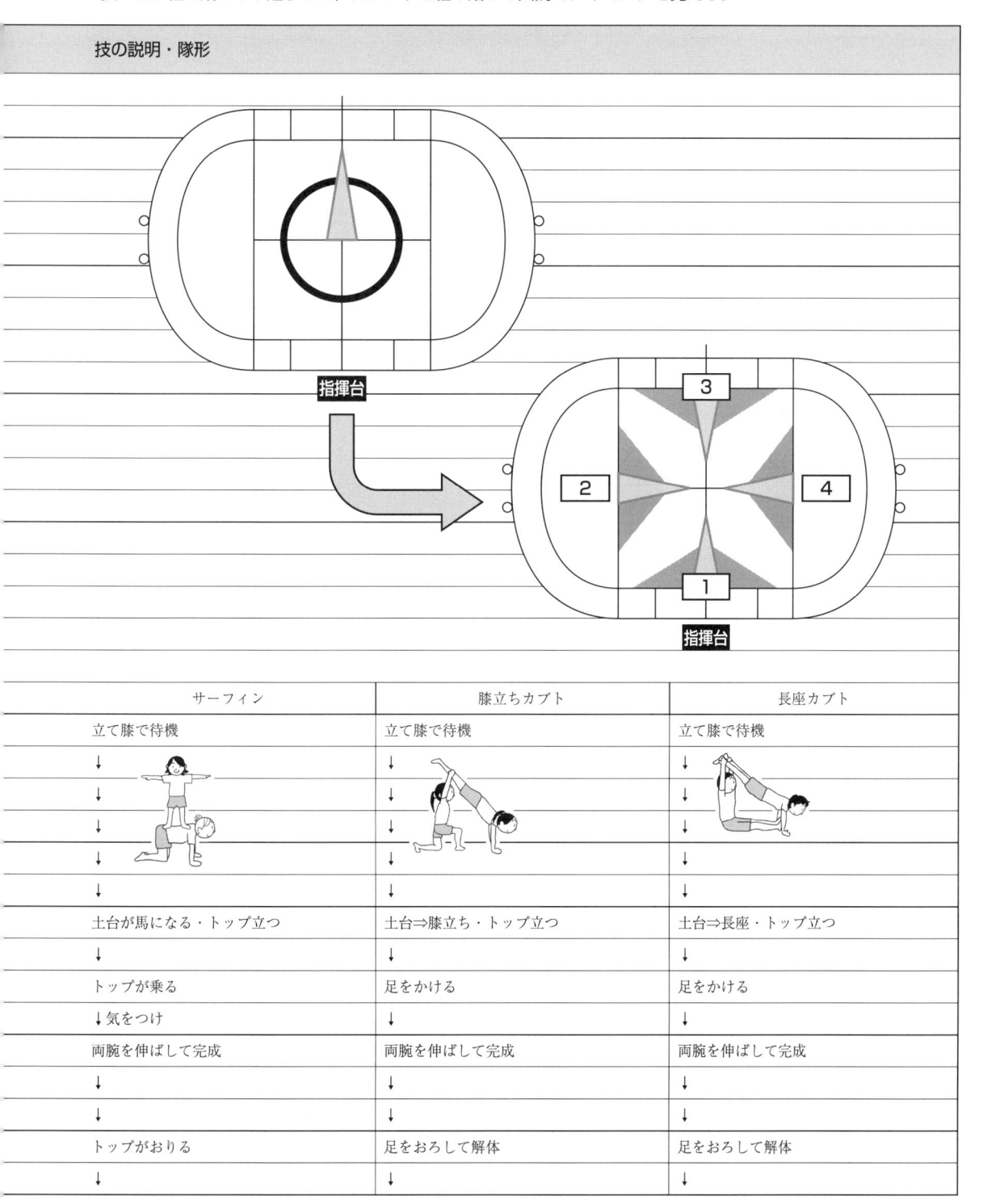

技の説明・隊形

サーフィン	膝立ちカブト	長座カブト
立て膝で待機	立て膝で待機	立て膝で待機
↓	↓	↓
↓	↓	↓
↓	↓	↓
↓	↓	↓
土台が馬になる・トップ立つ	土台⇒膝立ち・トップ立つ	土台⇒長座・トップ立つ
↓	↓	↓
トップが乗る	足をかける	足をかける
↓気をつけ	↓	↓
両腕を伸ばして完成	両腕を伸ばして完成	両腕を伸ばして完成
↓	↓	↓
↓	↓	↓
トップがおりる	足をおろして解体	足をおろして解体
↓	↓	↓

第3章 「組体操」にチャレンジする！ 実物プログラム大公開　101

コラム

同僚の熱意

　6年生を初めて担任する後輩のA先生と学年を組んだときの話です。
　今勤めている学校に転勤して2年目。メインで組体操を指導することになり，よい組体操をつくろうと，私は意気込んでいました。自分なりに，自分が学んできた組体操のつくり方をA先生に伝えることも念頭におきながら……。しかし，いざ始まってみると，思っていたように指導がうまくいかず，1人技や2人技でさえもまだまだ完成度の高いものとは言えませんでした。
　しかし，組体操の練習も中盤に差しかかろうとしたある日の放課後，私は多目的室で音楽が鳴っていることに気がつきました。そっとドアを開けてみると，そこにはA先生が自分のクラスの子どもたちを集め，1人技や2人技の練習につき合っている姿がありました。自分からは一言も，放課後に集めて練習してほしいということは伝えませんでしたが，その先生なりに，自分のクラスが迷惑をかけるわけにはいかないと考えたようでした。子どもたちと一緒になって練習に励むA先生の姿がとてもうれしく，自分もまだまだがんばり，この子どもたちに達成感を味わわせたいと強く思わされました。授業時間以外に練習をすることが決してよいことだとは思いませんが，同じ担任として，よいものを共につくりたい，子どもたちに成功を味わわせたいという熱心な気持ちやその姿勢に，私は心を打たれました。

保護者からの2通の手紙

　母親を，病気で亡くした女子児童がいた。活発で，組体操にも意欲的に取り組んでいた。組体操練習が始まり，一週間ほど経ったある日，一通の手紙がその児童の父親から届いた。
　「足や腰が痛いと言いながらも，家でも技の練習や筋トレなどを繰り返している。技の土台となったり，高いところへ乗ったりと危険な技に挑戦して，成功した，失敗したと毎日話を聞かせてくれる。頑張っていることは素直にうれしいが，その反面，毎日心配で仕方がない。失敗して，大怪我をしないだろうか？　なぜ，そこまで苦しい思いをして，組体操をしなければならないのか？　自分は，一人親として娘をこれからも育てていかなければならない。こんなつらくて危険な組体操は，もうやめさせてもらえないだろうか……？」
　練習内容，子どもの様子，練習風景写真など，毎日「組体操通信」を発行し，少しでも保護者の方に伝えながら取り組み，本番見事に成功した。運動会後，感想の手紙もいただいた。
　「入場から涙が止まらなかった。組体操が，こんなにも素晴らしいものだとは思わなかった。子どもたちは，親が思っている以上にたくましく，成長していくことを思い知った。これからもぜひ運動会で組体操を続けていってほしい。本当にありがとうございました」

第4章

「組体操」づくりに欠かせないお役立ち付録

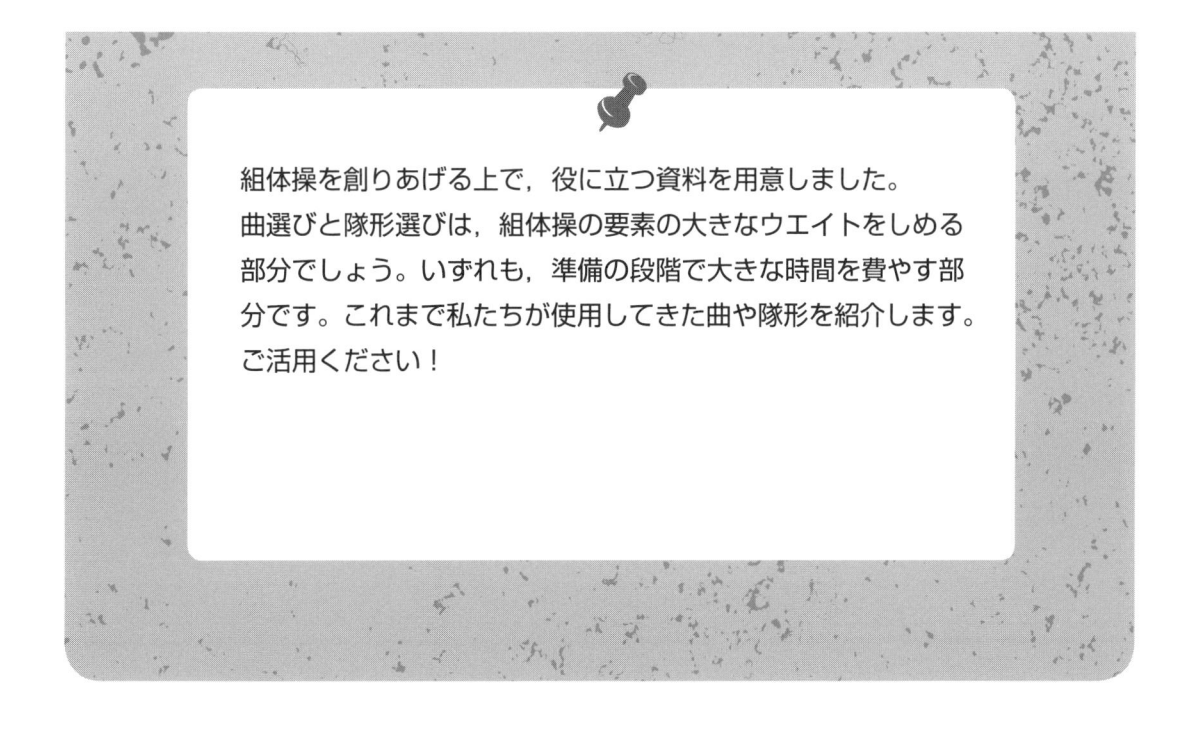

組体操を創りあげる上で,役に立つ資料を用意しました。曲選びと隊形選びは,組体操の要素の大きなウエイトをしめる部分でしょう。いずれも,準備の段階で大きな時間を費やす部分です。これまで私たちが使用してきた曲や隊形を紹介します。ご活用ください!

演技を盛り上げる！

おすすめ選曲リスト

　一番多くの時間を費やすのが、「選曲」であるかもしれません。しかし、この「選曲」はたいへん重要です。曲は演技全体の表情を決めます。同じ技をしていても、流れている音楽によって、うけとる側の印象は、まったく違うものになります。1つの作品の中に、様々な曲を使用することにより、メリハリが生まれます。同時に、子どもたちにとってタイミングをつかみやすい曲であるということも選曲の上で重要な要素となります。

　私たちがこれまで使用したことのある曲の一部を紹介します。

	「曲名」　アーティスト・作者名　（アルバム名等）
入場曲	「RHYTHM AND POLICE」松本晃彦（「踊る大捜査線」オリジナルサントラ） 「Brand New World」　D-51 「ツヨクツヨク」　mihimaru GT 「Your Own Miracle」　ルビー・チューズデイ 「Eye of the Tiger」　サバイバー 「WE WILL ROCK YOU」　クイーン　　＊サントラ＝サウンドトラック
アップテンポ 1人技、2人技 ダンス	「にんじゃりばんばん」　きゃりーぱみゅぱみゅ 「ファッションモンスター」　きゃりーぱみゅぱみゅ 「情熱大陸」　葉加瀬太郎 「Rising Sun」　EXILE 「ALL NIGHT LONG」　EXILE 「BECAUSE WE CAN」　ボン・ジョヴィ 「Because we can」　ファットボーイ・スリム 「あなたのとりこ」　シルヴィ・バルタン 「サラバ、愛しき悲しみたちよ」　ももいろクローバーZ 「会いたかった」　AKB48 「バンビーナ」　布袋寅泰 「非情のライセンス」　渡辺岳夫（「キイハンター」オリジナルサントラ） 「SUGAR BABY LOVE」　ザ・ルベッツ 「カノン」　パッヘルベル 「キセキ」　GReeeeN 「Get Wild」　超新星 「20th Century Boy」　T-REX 「ARE YOU GONNA BE MY GIRL」　ジェット 「学園天国」　フィンガー5 「ジンギスカン」　DSCHINGHIS KHAN 「EVERY TEARDROP IS A WATERFALL」　コールドプレイ 「THE ROCKAFELLER SKANK」　ファットボーイ・スリム

	「曲名」 アーティスト・作者名 （アルバム名等）
3〜6人技 クイックピラミッド トラストフォール	「イチブトゼンブ」 B'z 「VIVA LA VIDA」 コールドプレイ 「GO WEST」 ペット・ショップ・ボーイズ 「A Question of Honor」 サラ・ブライトマン 「with you」 ゆず 「IT'S MY LIFE」 ボン・ジョヴィ 「Footloose」 ケニー・ロギンス
スローテンポ 波 タワー	「異人回廊」（イマージュ） 「ひまわり」 葉加瀬太郎 （THE BEST OF TARO HAKASE） 「THE SONG OF LIFE」 鳥山雄司 （イマージュ） 「炎のランナー」 ヴァンゲリス 「time to say good bye」 サラ・ブライトマン 「生命の息吹」 杉本竜一 （「NHK 生き物地球紀行」サントラ） 「Don't Look Back in Anger」 オアシス 「JIN －仁－ Main Title」 高見優 （「JIN －仁－」オリジナルサントラ） 「Summer」 久石譲 （「菊次郎の夏」サントラ）
フィナーレ 55人ピラミッド	「彼こそが海賊」（「パイレーツオブカリビアン」のテーマ） 「Courage」 佐藤直紀（「海猿」オリジナルサントラ） 「龍馬伝」 佐藤直紀（「龍馬伝」オリジナルサントラ） 「ジュピター」 ホルスト 「栄光の架橋」 ゆず 「DESPERADO」 イーグルス 「南極大陸 Main Title」 高見優 （「南極大陸」オリジナルサントラ） 「ROOKIES」 高見優 （「ROOKIES」オリジナルサントラ） 「Road of Gokusen」 大島ミチル （「ごくせん」オリジナルサントラ） 「I DON'T WANT TO MISS A THING」 エアロスミス 「To Love You More」 セリーヌ・ディオン 「Precious」 伊藤由奈 「1億5千万の奇跡」 松本晃彦（「サマーウォーズ」オリジナルサントラ） 「The Summer Wars」 松本晃彦（「サマーウォーズ」オリジナルサントラ）
退場曲	「Hey 和」 ゆず 「GIFT」 Mr.Children 「祈り」 Mr.Children 「あとひとつ」 FUNKY MONKEY BABYS 「ちっぽけな勇気」 FUNKY MONKEY BABYS 「誕生日」 熊木杏里 「Yesterday and Tomorrow」ゆず 「空はまるで」 MONKEY MAJIK

> ひと目でわかる！

隊形ビジュアル紹介

どの技をどんな隊形で魅せるのか，伝えるのか，どの指導者も悩むところです。
ここではそれぞれのパートに合う隊形を紹介します。

> **図の見方!!**
> ・円はトラック線
> ・下側が朝礼台（指導者側）
> ・左側が入場門，右側が退場門
> ・点線の太線は移動前，太線は移動後の隊形。
> ・点線の太い矢印は移動を，細い矢印は向いている方向を表す。

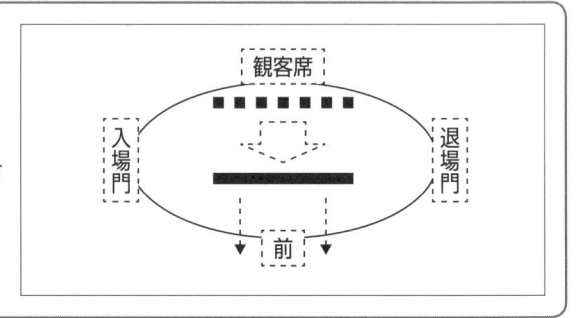

● 入場

組み始めると，土台の役割の子どもは顔がなかなか見えません。入場では全員の顔が見えるようにし，「このメンバーでやるんだ！」という紹介も兼ねるような全員の顔が見える入場・隊形がおすすめです。

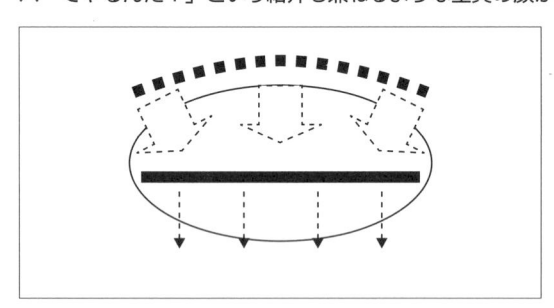

・観客席側１列に並ぶ。
・駆け足・並足で揃って入場し，中央に並ぶ。

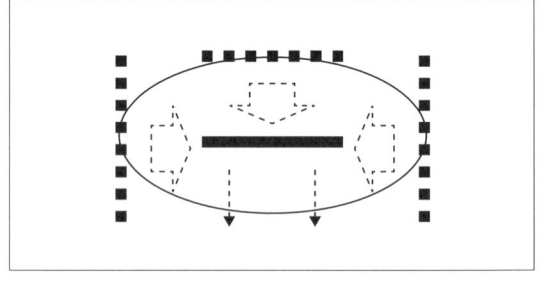

・入場門・退場門・観客側に分かれて入場。
・駆け足・並足で揃って入場し，中央に並ぶ。

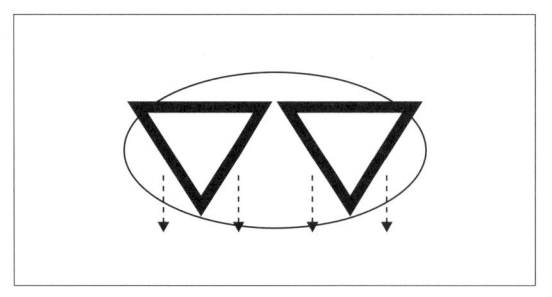

・移動ピラミッドＡパターン

・移動ピラミッドＢパターン

※「さぁやろう！」という気持ちを表現するために声を出して入場するのもよい。

◉ 1人技・2人技

基本的な技であるがゆえ，個々の技の完成度はもちろんのこと，全体でそろうことが大切です。一斉の「そろい」。ズレる「そろい」。それぞれの「そろい」が見てわかる隊形がおすすめです。

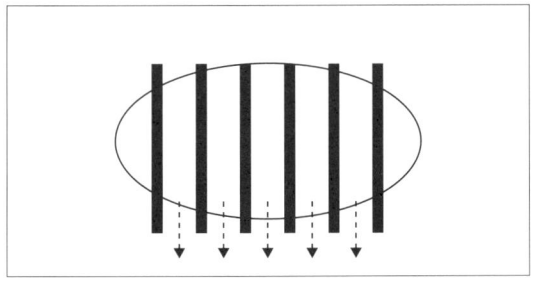

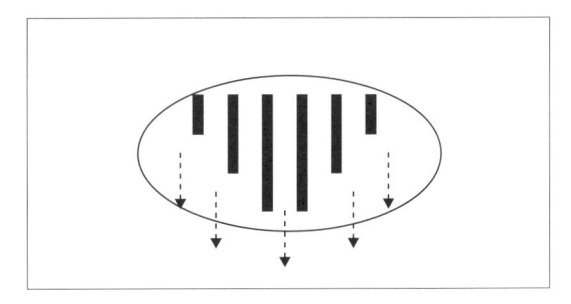

・全員前を向く。
・左右の列や前後の列で技をずらして完成させていってもきれいに見える。
・隣や前後に移動するだけで簡単に2人組を作ることができる。

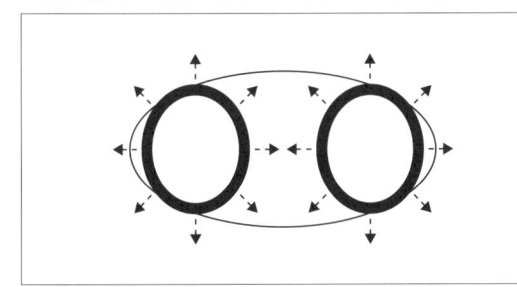

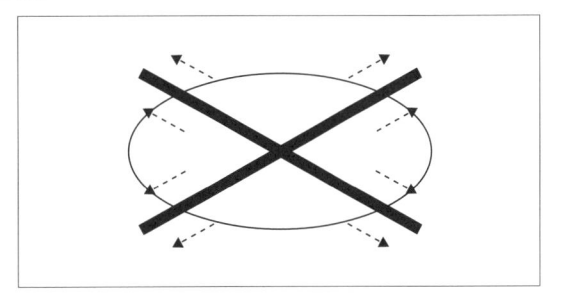

◉ 3人～6人技

・それぞれの位置で外側を向いて演技をする。
・人数の多い場合や2人組の際には2重円や2列の隊形で行ってもよい。
・3人技から同じ隊形のまま人数が変わっていくことが多い。移動の行いやすい隊形がおすすめです。

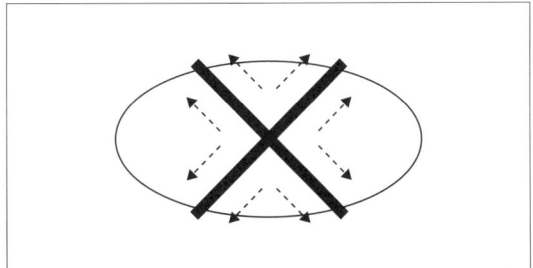

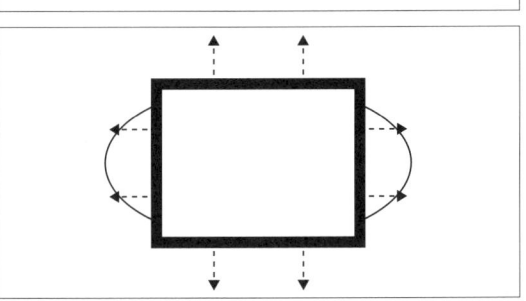

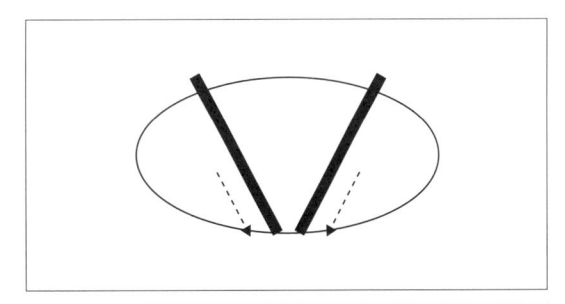

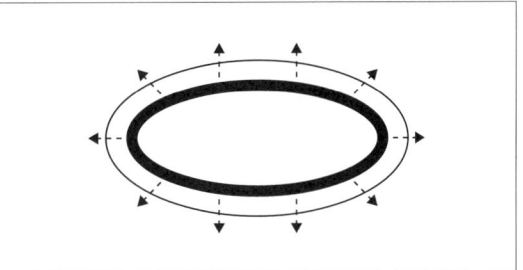

第4章 「組体操」づくりに欠かせないお役立ち付録

● 多人数技（ウェーブ）

おなじみのウェーブであるが，隊形に変化がないため，きれいではあるが観ている側があきてしまうこともある。そこで違う技と組み合わせる隊形がおすすめです。

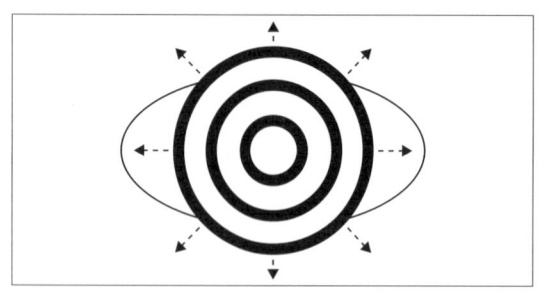

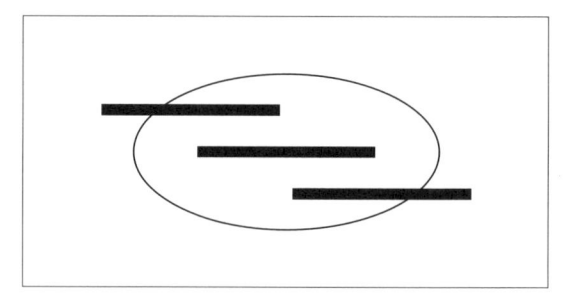

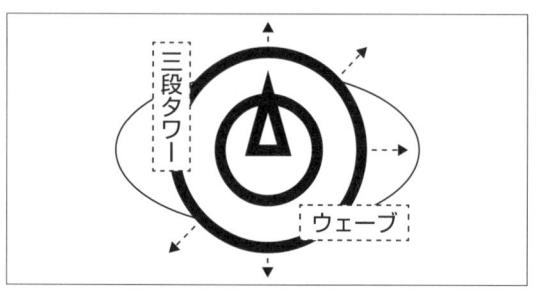

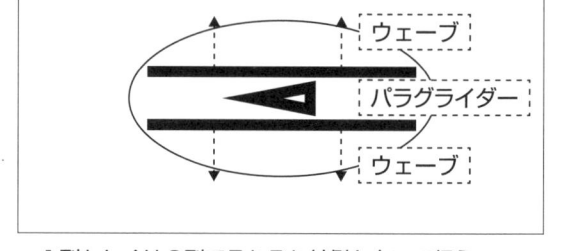

・外側と内側で二重円を作る。
・内側は身長の低い子どもが起立した状態で，外側は身長の高い子どもが膝立ちした状態で行う。

・1列もしくは2列でそれぞれ外側を向いて行う。
・列の間の技は「パラグライダー」などの動きがあるものが良い。

● 多人数技（フィナーレ）

最後は全員の顔が見え，達成感が味わえるような技と隊形がおすすめです。

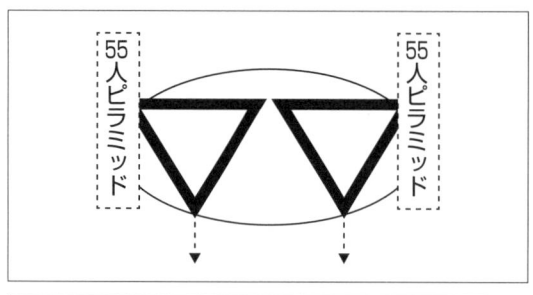

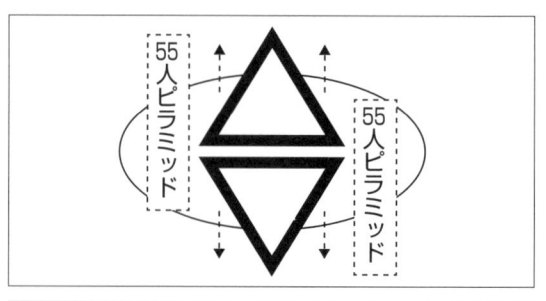

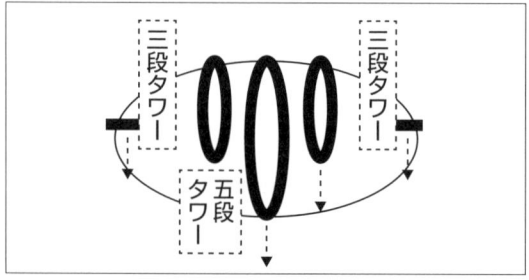

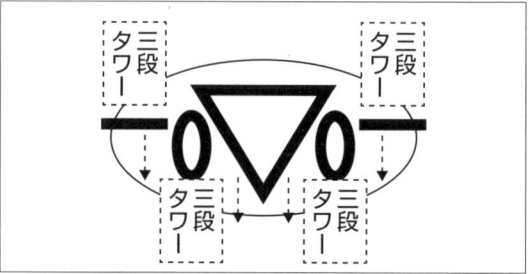

108

さくいん

技	ページ
英数字	
10人ピラミッド	60
22人タワー	67
3段タワー	58
3人ピラミッド	31
40人タワー	74
4人扇	39
55人ピラミッド	75
6人扇	49
9人炎	57
A（エー）	20
K（ケイ）	20
L字ピン	21
T（ティ）	22
V（ブイ）	21
V字	31
V字バランス	21
V字飛行	53
W肩倒立	31
Y（ワイ）	22
Y字	20
Y字バランス	27
ア行	
あおむけ	21
朝顔	51
足上げピン	21
あっち	20
アップサイドダウン	36
アンカー	35
アンテナ	20
家	25
碇	30
石垣	44
イソギンチャク	43
移動ピラミッド	69
犬の散歩	27
ウェーブ	64
腕立て	22
馬	20
馬キック	20
馬立ち	26
エックス	28
エレベーター	27
えんとつ	26
王冠	46
扇	43
扇DX	53
大屋根	63
大阪城	50
おすもうさん	22
カ行	
階段	39
カエル倒立	21
鏡	37
かぎかっこ	20
肩車	25
肩車倒立	35
合掌造り	42
かぶと	43
カルデラ	55
きのこ	24
きのこ2	25
丘陵	38
教会	46
クイックピラミッド	47
空気イス	27
グライダー	40
グライダーⅡ	39
グレートブリッジ	62
鍵盤	35
コの字ピン	20
サ行	
サーカステント	48
サーフィン	25
逆腕立て	22
坂道	21
サボテン	23
サマーソルトキック	21
珊瑚	41
サンライズ	35
ジェットコースター（3人技）	34
ジェットコースター（10人技）	59
ジェミニ	57
ジグザグ	45
斜塔	61
ジャーン	20
ジャイアントスウィング	23
しゃちほこ（1人技）	22
しゃちほこ（2人技）	24
ジャンピングカートレイン	42
ジャンプ	28
十字	20
十字バランス	20
小ウェーブ	64
ショベルカー	38
水上スキー	25
スケート	25
スケートボード	53
ステージ	45
ステップ	32
すべり台（2人技）	24
すべり台（3人技）	29
ゼロフライト	30
泉州玉ねぎ	51
千手観音	65
ソファー	31
ソフトクリームタワー	44
空へだっこ	21
ソユーズ	42

109

タ行

台形（5人技）	45
台形（多人数技）	67
大地	33
大展望台	51
大倒立	49
ダイブ	21
テーブル	21
ダイヤモンド	37
ダブリュー	25
ダブル倒立	32
地平線	34
跳開橋	48
直立ピン	20
直角	27
ツリー	43
鶴	30
テーブル	21
テーブル橋	48
手押し車	26
天空の城	56
トーテムポール	36
時計台	49
ドミノ	65
トライデント	41
トラストフォール	72
トランポリン	71
トリプルクロス	32
トリプル扇	33
トンネル（2人技）	27
トンネル（8人技）	55

ナ行

名古屋城	52
ななめ十字	22

ハ行

橋	26
花	54
跳ね橋	44
はばたき	66
バランス	24
バレエ人形	22
バンク	41
万里の長城	70
飛行機（1人技）	22
飛行機（3人技）	33
ピース	38
ひざのり	25
ピサの斜塔	61
ピストン	46
ビッグW	34
一人シンクロ	20
一人シンクロ2	20
日の出	27
ピラミッド	48
風車	28
ふきのとう	24
富士山	55
ブリッジ（1人技）	21
ブリッジ（多人数技）	66
ふんすい	53
ベイブリッジ	50
ベンチ	26
補助倒立	24
ボストーク	42

マ行

万華鏡	49
ミックスサボテン	37
ミニタワー	29
ミニタワーDX	52
モール	34
森	33
門	50

ヤ行

やぐら（5人技）	44
やぐら（10人技）	59
屋根（2人技）	26
屋根（4人技）	39
山（2人技）	26
山（5人技）	45
山（9人技）	56
山小屋	38
ユニットサーフィン	37
弓	21
ゆりかご	22

ラ行

ラージヒル	54
ライトアングル3	30
ランジ	32
立体ピラミッド	68
リフト	41
リボン	24
レインボーブリッジ	62
ロールケーキ	20
ロケット	26
ロミオ	27

【執筆者一覧】(平成26年3月現在)
関西体育授業研究会　著

垣内　幸太（大阪教育大学附属池田小学校）
玉田　純一（箕面市立豊川南小学校）
橋爪　貴之（箕面市教育委員会）
日野　英之（箕面市立西小学校）
妹尾　真吾（箕面市立豊川北小学校）
山口　　純（箕面市立萱野北小学校）
西田　俊治（箕面市立彩都の丘学園）
大形　宏紀（箕面市立北小学校）
青木　俊彰（箕面市立萱野東小学校）
篠原　　崇（箕面市立豊川南小学校）
大下　俊介（箕面市立箕面小学校）
村上恵梨子（箕面市立箕面小学校）
新居　　達（箕面市立東小学校）
藤井　陸平（箕面市立東小学校）
山下　泰平（箕面市立西南小学校）
岩永　泰典（箕面市立北小学校）
大橋　　創（箕面市立中小学校）
松本　宏紀（箕面市立西小学校）

【著者紹介】
関西体育授業研究会
2009年に「体育科の地位向上」を合言葉に発足。
大阪教育大学附属池田小学校に事務局を設置。
メンバーは，大阪を中心に滋賀，兵庫，奈良，福井，和歌山，広島などの教員で構成される。
月1回程度，定例会を開催し，「体育科の授業力向上」をテーマに研究を進めている。
また，毎年7月に組体操研修会，11月に研究大会を開催。

〈連絡先〉
垣内幸太
E-mail　kakkin@cc.osaka-kyoiku.ac.jp

子どもも観客も感動する！
「組体操」絶対成功の指導BOOK

2014年6月初版第1刷刊	©著　者	関西体育授業研究会
2016年2月初版第9刷刊	発行者	藤　原　久　雄
	発行所	株式会社 明治図書出版

http://www.meijitosho.co.jp
（企画・校正）木村　悠
〒114-0023　東京都北区滝野川7-46-1
振替00160-5-151318　電話03(5907)6703
ご注文窓口　電話03(5907)6668

＊検印省略　　　　　組版所　株式会社明昌堂
本書の無断コピーは，著作権・出版権にふれます。ご注意ください。

Printed in Japan　　　　　　ISBN978-4-18-095810-8